HISTOIRE INTÉRIEURE

DE ROME

JUSQU'A LA BATAILLE D'ACTIUM

TIRÉE DES ROEMISCHE ALTERHÜMER

DE

L. LANGE

PAR

A. BERTHELOT ET DIDIER

PARIS

ERNEST LEROUX, ÉDITEUR

28, Rue Bonaparte, 28

1886

FASCICULE N° 10

Souscription à l'ouvrage complet, 2 forts volumes : **20** fr

d'atteinte sérieuse à son pouvoir. Antoine ne l'appliqua que
pour traiter des affaires insignifiantes[1], comme celle de la
colonie de Buthrotum, au sujet de laquelle César avait décidé
que les colons primitivement désignés ne seraient pas envoyés dans cette colonie[2]; il ne soumit pas au conseil ni à son
collègue les résolutions déjà prises[3], et continua à user des
pouvoirs souverains que lui avait conférés la loi Antonia. Il
faut rapprocher de cette tentative d'opposition celle qui coïn-
cida avec l'arrivée d'Octave : on voulut demander compte à
Antoine des dépenses faites depuis la mort de César ; Antoine
avait déclaré que le trésor était vide[4] et qu'il l'avait trouvé vide
deux mois auparavant[5]. On voulut vérifier, on n'aboutit à rien ;
le sénat rendit un sénatus-consulte par lequel il chargea
Antoine lui-même de faire une enquête sur le trésor[6].

Les républicains comprirent bientôt qu'ils ne pouvaient se
fier en Dolabella ; s'il avait réprimé les désordres, c'était peut-
être d'accord avec Antoine[7]; ou bien après une première tentative d'opposition, il avait dû de nouveau se laisser corrompre
par Antoine[8]. Antoine put, sans être inquiété par Dolabella,
continuer ses manœuvres pour conserver le pouvoir à l'expiration de ses fonctions consulaires[9]. Il devait rencontrer dans
le sénat une condescendance d'autant plus grande que les
sénateurs présents étaient tous ses partisans ; M. Brutus,
C. Cassius[10], Cicéron[11] n'osaient plus venir à Rome[12], pas plus
qu'un grand nombre d'autres sénateurs hostiles à Antoine[13],

[1]) Cic., *Att.*, 16, 16, 6. 11. 12. 14. 15. 18. Cf. 15, 14, 2.
[2]) Cic., *Att.*, 16, 16, 4. 11. 15. Cf. 14, 12, 1. 14, 14, 6. 14, 17, 2. 14, 19,
4. 14, 20, 2. 15, 2, 2.
[3]) Cic., *Att.*, 15, 15, 1. 15, 29, 3. 16, 1, 2. 16, 3, 1. 16, 4, 3.
[4]) Nic. Dam., *Vit. Aug.*, 28.
[5]) App., *b. c.*, 3, 20. Cf., 3, 54.
[6]) Dio C., 45, 24. App., *b. c.*, 3, 21. 54. 57. Appien place ce sénatus-
consulte beaucoup trop tôt.
[7]) Cic., *Phil*, 1, 2, 5.
[8]) Cic., *Phil.*, 2, 42, 107. *Att.*, 16, 15, 1.
[9]) Cf. Cic., *Att.*, 14, 14, 4. 15, 4, 1.
[10]) Cic., *Fam.*, 11, 2. *Att.*, 14, 18, 4. 14, 20, 3.
[11]) Cic., *Att.*, 14, 14, 6. 14, 17, 2. 14, 18, 4. 14, 22, 2. 15, 3, 1. 15,
4, 5.
[12]) Cic., *Phil.*, 1, 2, 6. *Att.*, 15, 6, 2.
[13]) Cic., *Att.*, 15, 3, 1. 15, 7.

par exemple A. Hirtius et C. Pansa, les deux consuls désignés.

Antoine pouvait donc facilement circonvenir le sénat[1], mais il le dédaigna et préféra s'appuyer sur le peuple. Le 1er juin[2] ou le 31 mai quelques tribuns, entr'autres L. Antonius, firent voter une loi qui n'avait pas été d'abord proposée d'après les règles ordinaires[3]; la loi *de provinciis consularibus*, copiée sur la loi Vatinia, accordait aux consuls une prolongation de pouvoirs dans leurs provinces jusqu'au 1er mars 38[4]. Il est certain qu'une pareille loi ne put être proposée que par des tribuns; Antoine, l'exécuteur des volontés de César, ne pouvait proposer lui-même une loi qui était en contradiction avec la loi Julia de provinciis[5]. Le 5 juin Antoine fit lui-même un rapport[6] sur les compensations que l'on avait promises à M. Brutus et à Cassius[7], et sur les provinces prétoriennes dont n'avait pas disposé César pour 43[8]; M. Brutus devait avoir la Crète, C. Cassius la Cyrénaïque, tous deux avec le pouvoir proconsulaire[9]. Mais ils ne pouvaient prendre possession des provinces qu'à l'expiration de leurs charges; on décida le même jour que leur éloignement de Rome serait justifié par une mission pour assurer les approvisionnements de blé : M. Brutus était autorisé à résider jusqu'à la fin de l'année en Asie, Cassius en Sicile[10]. Il y avait une autre difficulté : en qualité de préteur urbain, M. Brutus ne devait pas rester absent de Rome pendant plus de dix jours; il en était de

[1] Cic., *Phil.*, 1, 2, 6. 2, 42, 109. Cf. *Att.*, 15, 4, 4.
[2] Cic., *Phil.*, 1, 2, 6. 2, 42, 109. Cf. *Att.*, 15, 11, 4.
[3] Cic., *Phil.*, 1, 10, 25. 2, 3, 6. 5, 3, 7.
[4] Cic., *Phil.*, 5, 3, 7. 8, 9, 28. Cf. *Att.*, 15, 11, 4.
[5] Cic., *Phil.*, 1, 8, 19. 1, 10, 24. 2, 42, 109. 8, 9, 28.
[6] Cic., *Att.*, 15, 9, 1. Cf. 15, 6, 2.
[7] Cic., *Att.*, 15, 5, 2.
[8] Cic., *Att.*, 15, 9, 1.
[9] Cic., *Phil.*, 2, 13, 31. 2, 38, 97. 11, 12, 27. Corn. Nep., *Att.*, 8. Dion Cassius, Appien et Plutarque se trompent : Dio C., 46, 23. 47, 21. App., *b. c.*, 3, 8. 12. 16. 4, 57. Plut., *Brut.*, 19. Il y a aussi erreur dans le passage suivant de Nic. Dam., *Vit. Aug.*, 28.
[10] Cic., *Att.*, 15, 9, 1. 15, 10. 15, 11, 1. 15, 12, 1. Cf. App., *b. c.*, 3, 6. 35. 4, 57. Dio C., 44, 51.

même de Cassius ; Antoine leur fit accorder une dispense [1]. On convint que les autres provinces prétoriennes seraient tirées au sort et adjugées aux préteurs sortant de charge [2].

Vers le milieu du mois de juin [3], Antoine fit courir le bruit que les Gètes avaient fait une incursion dans la Macédoine ; c'était un faux bruit, mais il s'appuya là-dessus pour demander que les légions alors en Macédoine ne fussent pas livrées à Dolabella ; il en avait besoin pour défendre sa province de Macédoine. Le sénat lui accorda l'autorisation qu'il demandait [4] ; il savait cependant bien que l'invasion des Gètes avait été inventée pour la circonstance [5]. A Rome, on crut que la guerre civile allait éclater de nouveau [6] ; on crut aussi que, malgré sa loi sur la dictature, Antoine songeait à se faire nommer dictateur [7]. On se trompait. Nous avons déjà dit qu'Antoine désirait la Gaule [8] ; l'exemple de César montrait qu'aucune autre province ne permettait de mieux dominer Rome et l'Italie [9] ; il prévoyait aussi que D. Brutus refuserait de lui livrer la Macédoine et les légions ; voilà pourquoi il chargea son frère Gajus d'aller chercher les légions et de les amener à Brundisium [10]. Ensuite il fit passer par la force, malgré les représentations du sénat effrayé, la loi *Antonia de permutatione provinciarum*, présentée de concert avec Dolabella [11]. La loi donnait à Antoine la Gaule cisalpine pour 43 et les années suivantes (non pour le reste de l'année 44, comme on l'a souvent répété), et de plus les parties de la Gaule transalpine [12]

[1] Cic., *Phil.*, 2, 13, 31.
[2] Cf. Cic., *Phil.*, 3, 10, 24 et seq.
[3] Cic., *Att.*, 15, 17, 1.
[4] App., *b. c.*, 3, 24. 37. 52. Cf. Dio C., 45, 20. 25. 46, 23.
[5] Cf. Cic., *Att.*, 15, 17, 1.
[6] Cic., *Att.*, 15, 18, 2. 15, 19, 1. 15, 20, 2.
[7] Cic., *Att.*, 15, 21, 1.
[8] Cic., *Att.*, 14, 14, 4. 15. 4, 1. Cf. 15, 10.
[9] App., *b. c.*, 3, 27.
[10] App., *b. c.*, 3, 27. 30. 37. 52. Cic., *Att.*, 15, 13, 2, lettre écrite le 25 juin, donc après les lettres 15, 15-23. Cf. 16, 2, 4. 16, 4, 4. 16, 5, 3.
[11] Liv., *ep.*, 117. App., *b. c.*, 3, 27. 30. 31. 37. 52. 55. 63. Cf. Dio C., 45, 9. 20. 22. 25. 34. 46. 23. Nic. Dam., *Vit. Aug.*, 30. Vell., 2, 60. Cic., *Phil.*, 1, 10, 25. 2, 3, 6. 2, 42, 109. 5, 3, 8.
[12] Cf. Cic., *Att.*, 14, 14, 4. *Phil.*, 1, 3, 8. 3. 15, 38. 5. 2, 5. 5. 13, 37. 7, 1, 3. 8, 8, 25.

gouvernées en 44 par L. Munatius Plancus et un lieutenant de A. Hirtius [1].

La loi *Antonia agraria* de Lucius Antoine fut votée avant la loi de permutatione prov., peu après le 5 juin [2], pendant un orage épouvantable [3]; nous avons déjà dit qu'il ne faut pas la confondre avec la loi Antonia de colonis deducendis. On s'était déjà servi de la loi agraire avant le 1er juin, avant qu'elle fût votée, pour gagner les vétérans [4]; elle décidait que l'on dessécherait les Marais-Pontins : les terres qui seraient gagnées sur les marais, tout l'ager publicus disponible, les biens confisqués qui avaient été injustement convertis en propriétés particulières [5], c'est-à-dire toute l'Italie, serait partagée entre les vétérans et les citoyens [6]. Pour exécuter la loi, on nomma une commission de *Septemviri* [7]; furent désignés : L. Antoine [8], l'auteur de la proposition, M. Antoine [9], C. Antoine, frère d'Antoine et non son oncle [10], Dolabella et d'autres créatures d'Antoine [11]. L. Antoine se servit de la loi pour dépouiller les sénateurs hostiles à son frère [12]; les chevaliers et le peuple le félicitèrent en l'appelant leur défenseur (*patronus*) et lui élevèrent des statues [13].

Pendant les mois de juillet et d'août, grâce à ses frères [14], Antoine fut le maître de la situation et exerça la tyrannie d'une façon odieuse. Il songea à donner une autre magistrature à un membre de sa famille; il décida son oncle C. Antoine, qui avait été condamné en 59, puis réhabilité sous César [15], à

[1]) Cic., *Att.*, 14, 9, 3.
[2]) Cic., *Att.*, 15, 12, 2. 15, 15, 1. 15, 19, 2.
[3]) Cic., *Phil.*, 5, 3, 7.
[4]) Cic., *Fam.*, 11, 2, 3. *Phil.*, 1, 2, 6. Cf. *Att.*, 15, 2, 2.
[5]) Cf. Cic., *Att.*, 15, 12, 2. *Phil.*, 13, 18, 37.
[6]) Dio C., 45, 9. Cic , *Phil.*, 5, 3, 7. 5, 7, 20. 6, 5, 13,
[7]) Cic., *Phil.*, 5, 7, 21. 6, 5, 14. 8, 9, 26. 12, 9, 23.
[8]) Cic., *Phil.*, 5, 7, 21. 7, 6, 17.
[9]) Cic., *Phil* , 5, 12, 33.
[10]) Cic.. *Att.*, 15, 19, 2. Cf. *Phil.*, 2, 38, 99.
[11]) Cic., *Phil.*, 6, 5, 14. 8, 9, 26. 11, 6, 13. 12, 8, 20. 12, 9, 23. 13, 12, 26. 13, 18, 37.
[12]) Cic., *Phil.*, 5, 7, 20. 6, 5, 14. 7, 6, 17.
[13]) Cic., *Phil.*, 6, 5, 12 et seq. 7, 6, 16.
[14]) Cic., *Phil.*, 7, 6. 16.
[15]) Il fut réhabilité non pas en 49 : Cic., *Phil.*, 2, 23. 53. 2, 33, 93. Dio C., 45, 47. 46, 15, mais plus tard : Cic.. *Phil.*, 2, 38, 99.

briguer la censure. Antoine finit cependant par renoncer à ce projet[1]. Les élections de préteurs pour 43 durent avoir lieu à la même époque[2]; parmi les partisans d'Antoine élus[3], nous trouvons le nom de P. Ventidius[4]. Antoine proposa ensuite la loi *Julia de Creta insula;* elle exemptait de l'impôt les plus riches villes de Crète et décidait qu'après le gouvernement de M. Brutus, la Crète cesserait de former une province[5]. Cette fois il était bien évident pour tous que la loi n'était pas tirée des papiers de César, puisque Brutus n'avait été désigné pour prendre le gouvernement de la Crète que le 5 juin. César, pour le reste, peut avoir eu l'intention de supprimer la province de Crète, comme celle de Sicile et la Gaule cisalpine.

Le 1er août au sénat, nous ne savons à propos de quoi, le beau-père de César, L. Calpurnius Piso, dénonça l'ambition d'Antoine et ses projets de guerre civile[6]. Je quitterai l'Italie, dit-il, si Antoine fait disparaître par la force les institutions républicaines[7]. Personne n'osa se ranger de son côté[8].

Antoine trouva un adversaire plus dangereux dans la personne de l'héritier de César, Octave (*C. Julius Cæsar Octavianus*), qui avait gagné beaucoup de terrain auprès des vétérans et des citoyens. Antoine prit ses précautions pour l'avenir en faisant voter deux lois qui étaient contraire aux lois faites par César de son vivant, à la loi de vi, à la loi de majestate, et même à la loi judiciaire[9]. La loi *Antonia de provocatione* portait que dans les procès pour crimes de violence et de majesté, les condamnés pourraient faire appel au peuple[10].

---

[1]) Cic., *Phil*, 2, 38, 99.
[2]) Cf. Cic., *Fam.*, 11, 16, 17. *Att.*, 16. 16, A. B. E.
[3]) Cf. Dio C., 47, 15. Vell., 2, 65. Cic., *Att.*, 16, 1, 4.
[4]) Cf. Val. Max., 6, 9, 9. Gell., 15, 4. Plin., *n. h.*, 7, 42, 44, 135. Ventidius fut élu pour 43, et non aux élections faites pour 44 : Dio C., 43, 51.
[5]) Cic., *Phil.*, 2, 38, 97. Dio C., 45. 32. 46, 23. Cf. Cic , *Phil.*, 1, 10 24. 2, 36, 92. 3, 12, 30. 5, 4, 12. 7, 5, 15.
[6]) Cic., *Att.*, 16, 7, 6.
[7]) Cic., *Att.*, 16, 7, 5. *Fam.*, 12, 2, 1. *Phil*.,1, 4, 10. 1, 6, 14 5, 7, 19 12, 6, 14. Cf. *Att.*, 15, 26, 1.
[8]) Cic., *Att.*, 16, 7, 7. *Phil.*, 1, 4, 10. 1, 6, 14.
[9]) Cic., *Phil.*, 1, 9, 23 et seq. 2, 42, 109.
[10]) Cic., *Phil.*, 1, 9, 21.

Une pareille loi violait le principe même sur lequel reposait l'institution des tribunaux extraordinaires considérés jusque-là comme une émanation de la puissance judiciaire du peuple ; de plus elle rendait très dangereuses les fonctions de juges et d'accusateurs dans les tribunaux de ce genre ; tous ceux qui avaient à redouter les accusations de violence et de majesté, Antoine le premier et ses partisans, trouveraient une garantie d'impunité dans cette loi en apparence populaire [1].

La loi *Antonia judiciaria* apportait un changement dans la constitution des tribunaux ; aux deux décuries de sénateurs et de chevaliers conservées par César on ajoutait une troisième décurie, non plus choisie dans les tribuns du trésor comme autrefois, mais composée de centurions, *decuria centurionum* [2]. Elle favorisait donc l'armée sur laquelle Antoine prétendait s'appuyer ; cette troisième décurie, qui lui serait entièrement dévouée, le mettrait à l'abri de toute condamnation devant les tribunaux extraordinaires [3].

Antoine, pour la présentation de ces deux lois, respecta la procédure législative ordinaire ; il permit même aux tribuns de les combattre ; deux tribuns, probablement Ti. Cannutius et D. Carfulenus, usèrent de ce droit [4]. Nous savons que la loi judiciaire fut votée peu de temps après le 2 septembre [5] ; nous savons aussi qu'Antoine désigna les juges de la troisième décurie et y fit entrer ses créatures [6].

On pouvait, à la suite du vote de ces lois, et pour d'autres motifs encore, reprocher à Antoine — ce que fit Octave — de ne pas faire exécuter toutes les volontés de César, de ne pas respecter ses actes comme il aurait dû le faire [7]. Antoine avait rendu le décret nécessaire pour donner au cinquième mois le

---

[1] Cic., *Phil.*, 1, 9, 21 et seq.
[2] Cic., *Phil.*, 1, 8, 19. 5, 5, 12 et seq. 13, 2, 3. 13, 18, 37.
[3] Cic., *Phil.*, 1, 8, 20. 7, 6, 15.
[4] Cic., *Phil.*, 1, 10, 25. 1, 15, 36. Cf. 3, 9, 23.
[5] Cic., *Phil.*, 5, 5, 12. 5, 6, 15. 8, 9, 27. Le délai de promulgation finissait ce jour, 2 septembre : Cic., *Phil.*, 1, 8, 19. 1 9, 21. 1, 10, 25. Cf. 2, 42, 109.
[6] Cic., *Phil.*, 5, 2, 12 et seq. 8, 9, 27. 13, 18, 37.
[7] App., *b. c.*, 3, 28.

nom de Jules[1]; mais il avait négligé de prendre possession de ses fonctions de flamine de Jupiter (*Jovis Julii*)[2]. A la séance du 1er septembre au sénat, Antoine fit décider qu'à toutes les actions de grâces (*supplicationes*) un jour serait consacré à célébrer la mémoire de César[3]. Il annonça encore dans une assemblée qu'il ferait respecter l'autorité du sénat, et parla même de refuser le gouvernement de la Gaule[4]; il réussit encore une fois à tromper ses adversaires, à les décider à venir aux séances du sénat[5], où fut opérée la révolution politique dont nous allons parler.

[1]) Cic., *Att.*, 16, 1, 1. 16, 4, 1. Dio C., 45, 7.
[2]) Cic., *Phil.*, 2, 43, 110. 13, 19, 41. 13, 21, 47. Cf. Plut., *Ant.*, 33.
[3]) Cic., *Phil.*, 1, 5, 12. 2, 43, 110. 5, 7, 19. Cf. Dio C., 45, 7.
[4]) Cic., *Phil.*, 1, 3, 8. Plut., *Cic.*, 44.
[5]) Cic., *Att.*, 16, 7, 1. 7. *Phil.*, 1, 3, 8.

CHAPITRE VINGT-CINQUIÈME

OCTAVE, HÉRITIER DE CÉSAR

C. Octave apprit la nouvelle de l'assassinat de César, son grand oncle, à Apollonie ; il y poursuivait ses études, et attendait le passage de César, pour l'accompagner dans la guerre contre les Parthes en qualité de maître de la cavalerie[1]. Sur le conseil de son père adoptif L. Marcius Philippus et de sa mère Atia, il partit aussitôt sans escorte militaire pour Lupiæ en Calabre[2], et de là gagna Brundisium[3]. Octave n'avait que dix-huit ans et demi (il était né en 63, le 22 septembre)[4] ; quand il connut le testament de César, il ne tint aucun compte des avertissements de son père adoptif et de sa mère ; il déclara qu'il acceptait l'héritage et prit le nom de *C. Julius Cæsar Octavianus*[5]. Il persista dans son projet et se rendit à Rome[6] ; pendant sa route, il reçut de nombreux témoignages de sympathie de la part des vétérans de César[7]. Il entra dans Rome[8] vers la fin d'avril ou au commencement de mai[9], après les Parilies, pendant lesquelles on célébrait la fête décidée l'année précédente en l'honneur de la victoire de Munda[10] ; il arriva[11] au

[1]) App., *b. c.*, 3, 9. Dio C., 45, 3. Nic. Dam., *Vit. Aug.*, 16. Plut., *Brut.*, 22. *Ant.*, 16. Vell., 2, 59.

[2]) App., *b. c.*, 3, 10. Nic. Dam., 17.

[3]) App., *b. c.*, 3, 11. Dio C., 45. 3. Nic. Dam., 18. Vell., 2, 59.

[4]) Suet., *Aug.*, 5, 94. Gell., 15, 7, 3. Vell., 2, 36, 59. Dio C., 45, 4.

[5]) App., *b. c.*, 3, 11. Dio C., 45 3. Nic. Dam., 18. Plut., *Cic.*, 43. *Brut.*, 22. Suet., *Aug.*, 8. Obseq., 68. Vell., 2, 60.

[6]) Cic., *Att.*, 14, 5, 3. 14, 6, 1. 14, 10, 3. 14, 11, 2. 14, 12, 2.

[7]) App., *b. c.*, 3, 12. Nic. Dam., 18.

[8]) Dio C., 45, 4. Obseq., 68. Suet., *Aug.*, 95. Liv., *ep.*, 117. Vell., 2, 59.

[9]) Cf. Cic., *Att.*, 14, 12, 2 avec 14, 20, 5.

[10]) Cic., *Att.*, 14, 14, 1. 14, 19, 3. Dio C., se trompe : 45, 6.

[11]) App. se trompe, *b. c.*, 3, 13.

moment où Antoine venait de quitter Rome pour aller dans l'Italie méridionale fortifier son pouvoir[1].

Octave détestait avant tout les meurtriers de César[2], et non Antoine et ses frères. Voilà pourquoi il se laissa présenter au peuple par L. Antoine dans une assemblée où il déclara qu'il était prêt à recueillir la sucession de César et à faire tous les legs dont il était question dans le testament[3]. Il fit ratifier son adoption devant C. Antoine qui remplissait les fonctions de préteur urbain[4]. Il eut soin de préparer les jeux de la victoire, qui devaient être célébrés le 20 juillet, et dont personne ne s'occupait[5]. Quand Antoine fut rentré dans Rome, Octave alla lui faire une visite; Antoine le reçut froidement[6]; ce dernier se considérait non seulement comme l'héritier politique, mais comme l'héritier des biens personnels de César; il avait déjà transporté dans ses maisons et ses villas les statues et les objets d'art laissés par le dictateur[7]. Il ne pouvait pas empêcher Octave de présenter la loi curiate nécessaire pour rendre l'adoption définitive; mais il prit des mesures pour que la loi fût arrêtée par l'intercession des tribuns, de sorte que l'adoption ne fut pas complètement légalisée[8]. Il savait quel prestige s'attacherait désormais à la personne d'Octave, s'il était mis légalement en possession de la fortune et du nom de César[9]. Antoine s'opposa encore non pas directement, mais par l'entremise des tribuns[10], au projet d'Octave de faire figurer aux jeux du cirque donnés par l'édile Critonius la chaise d'or, *sella aurea*, de César[11]. Cependant dans l'espoir qu'une entente était pos-

---

[1] App., *b. c.*, 3, 12.
[2] Nic. Dam., 28. Suet., *Aug.*, 10.
[3] Cic., *Att.*, 14, 20, 5. 14, 21, 4. 15, 2, 3.
[4] App., *b. c.*, 3, 14.
[5] Cic., *Att.*, 15, 2, 3. *Fam.*, 11, 28, 6. 11, 27, 7. Dio C., 45, 6. App., *b. c.*, 3, 28. Nic. Dam., 28.
[6] App., *b. c.*, 3, 13 et seq.
[7] Dio C., 44, 53. App., *b. c.*, 3. 17. Cic., *Phil.*, 2, 42, 109. 3, 12, 30.
[8] Dio C., 45, 5. Cf. Flor., 4, 4.
[9] Cf. Cic., *Phil.*, 13, 11, 25.
[10] Cic., *Att.*, 15, 3, 2.
[11] App., *b. c.*, 3, 28. Cf. Nic. Dam., 28. Plut., *Ant.*, 16.

sible avec Antoine, Octave s'entremit pour faire voter la loi Antonia de permutatione provinciarum[1].

Dans le courant de juin, — mais pas dans la première entrevue[2], — Octave demanda à Antoine de le mettre en possession des biens de César qui lui avaient été confiés par Calpurnia. Antoine répondit qu'il ne fallait pas y songer ; il avait été chargé par le sénat de faire une enquête sur le trésor, et il pouvait prévoir qu'il existait un déficit au moment de la mort de César, et qu'il faudrait le combler en prenant sur les biens, même sur les propriétés immobilières du dictateur ; ces biens devaient donc être considérés pour le moment comme confisqués[3]. Si Octave avait insisté, il eût été facile à Antoine de lui susciter un grand nombre de procès[4]. Deux autres héritiers, Q. Pédius et L. Pinarius, devaient hériter du quart des biens de César[5], Octave leur laissa prendre leur part[6]. Le plan d'Antoine était d'empêcher Octave de faire au peuple les legs inscrits dans le testament ; Octave fut plus habile que lui et rendit ses manœuvres inutiles : il vendit tous ses biens immeubles, ceux de L. Marcius Philippus, ceux d'Atia, de Q. Pédius, de L. Pinarius, et avec cet argent acquitta les legs[7].

Octave devint aussitôt très populaire, à tel point que quand les comices se réunirent pour nommer un tribun en remplacement de C. Helvius Cinna, le peuple voulut nommer Octave malgré sa qualité de patricien. Le tribun Ti. Cannutius en profita pour faire opposition à Antoine ; le peuple manifesta un tel désir de nommer Octave qu'Antoine fit rendre par le sénat un décret en vertu duquel le remplacement du tribun Cinna était jugé inutile[8]. On put apprécier les progrès qu'avait faits

---

[1]) App., *b. c.*, 3, 30, place d'ailleurs le vote de cette loi beaucoup trop tard.

[2]) App., *b. c.*, 3, 17. Plut., *Ant.*, 16. Cf. Dio C., 45, 5. Plut., *Cic.*, 43.

[3]) App., *b. c.*, 3, 20.

[4]) App., *b. c.*, 3, 21. Dio C., 46, 23. Cf. 45, 24. 41.

[5]) Suet., *Cæs.*, 83.

[6]) App., *b. c.*, 3, 22.

[7]) App., *b. c.*, 3, 23. Cf. Plut., *apophth. Aug.*, 1.

[8]) Dio C., 45, 6. App., *b. c.*, 3, 31. Plut., *Ant.*, 16. Suet., *Aug.*, 10.

la popularité d'Octave, aux jeux Appollinaires de juillet[1]. Les jeux furent donnés par M. Brutus alors absent de Rome[2]; Brutus avait espéré que le peuple profiterait de cette occasion pour manifester son enthousiasme en faveur des conjurés. Les espérances de Brutus furent déçues, le peuple applaudit surtout les jeux célébrés en l'honneur des victoires de César (*ludi victoriæ Cæsaris*); cependant on avait encore refusé d'y laisser figurer la sella aurea[3]. En même temps apparut dans le ciel une comète; le peuple considéra cette apparition comme une preuve que César était devenu dieu; Octave exploita ces sentiments populaires et fit élever à César, dans le temple de Vénus Genetrix, une statue d'airain; au-dessus de la tête il plaça une étoile[4].

Octave avait gagné jusqu'aux officiers de la garde d'Antoine; ces derniers firent une démarche auprès d'Antoine pour lui demander de faire droit aux réclamations d'Octave[5]. Voilà pourquoi au mois d'août Antoine se vit obligé de s'expliquer avec Octave[6], de témoigner hypocritement de ses loyales dispositions à l'égard du sénat et de la mémoire de César; voilà pourquoi il convoqua, nous l'avons déjà dit, le sénat pour le 1er septembre : on devait y voter une résolution sur de nouveaux honneurs à accorder à César. M. Brutus et C. Cassius, qui, malgré le décret cité plus haut, n'avaient pas quitté l'Italie et avaient publié un édit[7] pour annoncer qu'ils renonçaient à leurs fonctions afin de faciliter la paix, et resteraient éloignés de Rome[8], Brutus et Cassius écrivirent à leurs amis

[1] App,, *b. c.*, 3, 24.
[2] Cic., *Att.*, 15, 10. 15, 11, 2. 15, 12, 1. 15, 18, 2. 15, 26, 1. 15, 28. 15, 29, 1. 16, 1, 1. 16, 2, 3. 16, 4, 1. 4. 16, 5, 1. *Phil.*, 1, 15, 38. 2, 13, 31. 10, 3, 7. Plut., *Brut.*, 21. App., *b. c.*, 3, 23 et seq. Dio C., 47, 20 se trompe.
[3] Dio C., 45, 6. App., *b. c.*, 3, 28. Nic. Dam., 28.
[4] Dio C., 45, 7. Suet., *Cæs.*, 88. *Aug.*, 10. Obseq., 68. Cf. Ovid., *Met.*, 15, 745 et seq., 843 et seq. Verg., *ecl.*, 9, 47 et les scholies de Servius.
[5] App.. *b. c.*, 3, 29. 32 et seq. Nic. Dam., 29.
[6] Dio C., 45, 8. App., *b. c.*, 3, 39. Nic. Dam., 29. Plut, *Ant.*, 16.
[7] Cic., *Fam.*, 11, 3, 3. *Att.*, 16, 7, 1. 7. *Ad Brut.*, 1, 10, 4. *Phil.*, 1, 3, 8. Vell., 2, 62. Dio C., 47, 20.
[8] Cf. Cic., *Phil.*, 10, 4, 8.

d'assister à cette séance du sénat dans l'intérêt de leur parti[1].

Cicéron suivit le conseil de ses amis et revint à Rome pour la circonstance. Il s'était éloigné quelques jours après l'assassinat de César, au moment où l'on commençait les jeux de la Grande-Déesse[2], par conséquent après le 5 avril[3]; comme Brutus et Cassius, il n'avait pas osé revenir le 1er juin; ensuite, sur sa demande[4], Dolabella l'avait choisi pour l'accompagner en Syrie en qualité de lieutenant[5]; il avait séjourné en Grèce[6], réalisant un désir qu'il avait formé depuis longtemps, et avait été voir son fils qui étudiait à Athènes[7]. La nouvelle attitude d'Antoine, les invitations de Brutus et de Cassius le décidèrent à revenir pour le 1er septembre[8]. Prétextant les fatigues du voyage, il ne parut pas au sénat ce jour-là; dans cette séance le sénat vota, sur la proposition d'Antoine, le décret en l'honneur de César[9]; Antoine se plaignit au sénat de l'absence de Cicéron et menaça de faire raser sa maison s'il ne venait pas[10]. Il vint à la séance du 2 septembre; Dolabella présidait[11], Antoine était absent[12] : il prononça contre Antoine le premier de ses discours qui formèrent plus tard le recueil des *Philippiques*[13]. Craignant les vengeances d'Antoine[14], décidé à ne pas se poser en adversaire déclaré[15], Cicéron parla avec une certaine modé-

[1]) Cic., *Att.*, 16, 7, 1.
[2]) Cic., *Att.*, 14, 2, 1. 14, 3, 2.
[3]) Cf. Cic., *Att.*, 15, 15, 3.
[4]) Cic., *Att.*, 15, 8, 1.
[5]) Cic., *Att.*, 15, 11, 4. 15, 18, 1. 15, 19, 2. 15, 20, 1. 15, 29, 1. *Phil.*, 1, 2, 6. Plut., *Cic.*, 43.
[6]) Cic., *Att.*, 16, 6, 1. *Fam.*, 7, 19, 20.
[7]) Cic., *Att.*, 14, 7, 2. 14, 13, 4. 14, 16, 3. 14, 18, 4. 15, 21, 3. 15, 23. 15, 25. 15, 26, 3. 16, 3, 4. Dio C., 45, 15. 46, 3.
[8]) Cic., *Att.*, 16, 7. *Fam.*, 12, 25, 3. *Ad Brut.*, 1, 15, 5. 1, 10, 4. *Phil.*, 1, 3. 2, 30, 76. Plut., *Cic.*, 43. Cf. Dio C., 45, 15. 46, 3.
[9]) Cic., *Phil.*, 1, 6, 13. 2, 43, 110.
[10]) Cic., *Phil.*, 1, 4, 11 et seq. 5, 7, 19. Plut., *Cic.*, 43.
[11]) Cic., *Phil.*, 1, 11, 27. 1, 12, 29.
[12]) Cic., *Phil.*. 1, 7, 16. 1, 13, 31.
[13]) Cic., *Ad Brut.*, 2, 4, 2. 2, 5, 4. Plut., *Cic.*, 24. 48. App., *b. c.*, 4, 20.
[14]) Cic., *Att.*, 14, 13, 2.
[15]) Cic., *Att.*, 14, 13 B. 14, 20, 5. 15, 1a, 2. 15, 8, 1. 16, 3, 1. *Fam.*, 11, 5, 2. 16, 23, 2. *Phil.*, 1, 4, 11. 1, 11, 27.

ration[1] et développa un programme politique qu'Antoine eût dû approuver, si sa conversion avait été sincère. Cicéron se plaça sur le terrain de la légalité, admit en principe que l'on devait respecter les actes de César[2], et partit de ce principe pour attaquer la loi judiciaire et la loi sur l'appel, qui n'étaient pas encore votées; il termina en invitant solennellement les consuls à changer de politique[3].

Antoine fut très mécontent; les relations de Cicéron avec Brutus et Cassius[4], les efforts qu'il avait faits pour entraîner Dolabella[5], ses rapports avec Octave l'avaient déjà fort indisposé contre le grand orateur[6]; Antoine convoqua le sénat pour le 19 septembre afin de répondre à Cicéron : il composa pour la circonstance un discours très soigné dans lequel il fit éclater toute sa colère[7]. Cicéron particulièrement invité à cette séance, ne s'y était pas rendu. Antoine, dans son discours, avait qualifié Cicéron d'inspirateur moral de l'assasssinat de César[8]; Cicéron fut dès lors convaincu qu'il venait d'engager contre Antoine un duel à mort[9]. Nous ne pouvons pas dire si Antoine songea dès ce moment à faire périr Cicéron[10]. Cicéron le crut et quitta Rome où l'opinion lui était manifestement hostile[11]. En publiant le pamphlet qui porte aujourd'hui le nom de seconde Philippique[12], Cicéron rompit le pont qui pouvait encore le rapprocher d'Antoine. Ce pamphlet est la réponse au discours prononcé par Antoine dans la séance du 19[13].

Confiant dans la force armée qui l'entourait et dans les légions qui venaient de débarquer à Brundisium, Antoine jeta de nou-

---

[1]) Cf. Cic., *Phil.*, 2, 3, 6. 5, 7, 19.
[2]) Cic., *Phil.*, 1, 7. 16 et seq.
[3]) Cic., *Phil.*, 1, 11, 27 et seq.
[4]) Plut., *Cic.*, 43.
[5]) Cic., *Att.*, 14, 17 A.
[6]) Cic., *Phil.*, 1, 11, 27.
[7]) Cic., *Fam.*, 12, 2, 1. 12, 25, 4. *Phil.*, 5, 7, 19. 2, 17, 42.
[8]) Cic.. *Phil.*, 2, 11 et seq. *Fam.*, 12, 2, 1. 12, 3. Cf. Dio C., 45, 41. 46, 2. 46, 22.
[9]) Cic., *ad Brut.*, 1, 15, 6. Cf. Cic., *Att.*, 14, 3, 2.
[10]) Cic., *Fam.*, 12, 2, 1. 12, 25, 4. *Phil.*, 5, 7, 19. 3, 13, 33.
[11]) Cf. Cic., *Att.*, 16, 8-15.
[12]) Cic., *Att.*, 16, 11, 1.
[13]) Cic., *Phil.*, 2, 43, 110.

veau le masque. Il avait refusé d'ajouter aux jeux romains un cinquième jour en l'honneur de César[1]; pour gagner les vétérans et leur prouver qu'il n'avait pas renoncé à l'idée de punir les meurtriers de César, il fit élever à ce dernier une statue sur les Rostres avec l'inscription *parenti optime merito*[2]; dans une assemblée convoquée par Ti. Cannutius, le 2 octobre, il qualifia de traîtres les assassins de César et même Cicéron[3]. Il voulut donc se réserver pour lui seul le mérite de poursuivre ces assassins; pour cela il fallait écarter Octave; il imagina donc de répandre le bruit qu'Octave avait voulu attenter à ses jours; l'accusation ne produisant pas l'effet espéré, il n'osa pas la porter devant les tribunaux[4]. Il quitta Rome le 9 octobre[5] pour aller recevoir les légions à Brundisium; il avait déclaré auparavant que, même après son consulat, il resterait dans les environs de Rome avec son armée, et traiterait la ville comme il l'entendrait[6].

Menacé décidément par Antoine[7], Octave résolut d'opposer la force à la force; il se rendit en Campanie pour gagner à sa cause les vétérans de César, surtout ceux de la VIIe et de la VIIIe légion[8]; il leur avait déjà envoyé des agents pour les prévenir de ses intentions[9]. Il donna à chacun 500 deniers (2,000 serterces); il eut bientôt un corps de 10,000 soldats (*evocati*), qu'il amena dans les environs de Rome avant le retour d'Antoine[10]. Pendant qu'il négociait avec les vétérans,

[1] Cic., *Phil.*, 2, 43, 110.
[2] Cic., *Fam.*, 12, 3, 1.
[3] Cic., *Fam.*, 15, 3, 2. 12, 23, 3.
[4] Cic., *Fam.*, 12, 23, 2. Suet., *Aug.*, 10. App., *b. c.*, 3, 39. Nic. Dam., 30. Plut., *Ant.*, 10.
[5] Cic., *Fam.*, 12, 23, 2.
[6] Cic., *Phil.*, 3, 11, 27. 3, 12, 30. 5, 8, 21. 13, 8, 18. Dio C., 45, 12. Nic. Dam., 30.
[7] Dio C., 45, 7. App., *b. c.*, 3, 39. Liv., *ep.*, 117. Obseq., 68, Vell., 2, 60.
[8] Nic. Dam., 31. I. L. A., p. 183.
[9] App., *b. c.*, 3, 31. 39.
[10] Cic., *Att.*, 16, 8, 1. 16, 9. 16, 11, 6. *Fam.*, 10, 28, 3. *Phil.*, 3, 2, 3. 4, 1, 2. 5, 8, 23. 5, 16, 42. 10, 10, 21. Liv., *ep.*, 117. Vell., 2, 61. Suet., *Aug.*, 10. Tac., *Ann.*, 1, 10. Dio C., 45, 12. App., *b. c.*, 3, 40. Nic. Dam., 31. Plut., *Ant.*, 16.

il s'était aussi entendu avec Cicéron[1] ; il avait compris que Cicéron pouvait lui ménager l'appui du sénat, et l'appui du sénat lui était nécessaire pour battre Antoine[2].

Cicéron était tout disposé à accepter le rôle que lui proposait Octave. Il avait eu des relations suivies[3] avec des Césariens influents, surtout avec les consuls désignés, A. Hirtius et C. Pansa ; il avait remarqué que les manières hautaines d'Antoine les avaient blessés, qu'ils étaient tout disposés à passer du côté des républicains[4], sans aller cependant jusqu'à s'unir avec Brutus et Cassius[5] ; il leur avait promis de les soutenir au sénat à partir du 1er janvier[6]. Il savait que tous condamnaient la politique d'Antoine, et L. Calpurnius Piso, et L. Julius Cæsar, le consul de 64[7], et P. Servilius Isauricus, le consul de 48[8], et L. Marcius Philippus, et C. Claudius Marcellus, beau-frère d'Octave[9], et L. Cornélius Balbus[10], et enfin tous les anciens amis intimes de César, même Ser. Sulpicius Rufus[11], qui avait toujours affecté une grande indépendance ; plusieurs sénateurs[12] avaient approuvé le projet mis en avant par Cicéron, dès le mois de juin, d'empêcher à tout prix l'union d'Octave et d'Antoine[13]. Il était donc facile de former au sénat un parti assez puissant pour combattre Antoine[14]. Son neveu, Q. Cicéron, alla plus

[1] Cic., *Att.*, 16, 8, 1. 2. 16, 9. 16, 11, 6.
[2] Plut., *Cic.*, 44.
[3] Cic., *Att.*, 14, 11, 2. 14, 12, 2. 14, 20, 4. 14, 21, 4. 15, 1a. 2. 15, 5, 1.
[4] Cic., *Att.*, 14, 19, 2. 15, 6, 1. 15, 12, 2. Cf. *Phil.*, 1, 13, 37. 3, 14, 36. App., *b. c.*, 3, 37.
[5] Cic., *Att.*. 15, 1a, 3. 15, 6, 2. 15, 22. 16, 1, 4. Cf. App., *b. c.*, 3, 75.
[6] Plut., *Cic.*, 43. Cic., *Att.*, 15, 23. 25. 16, 7, 2. Cf. 16, 9.
[7] Cic., *Att.*, 14, 7 A, 3. 15, 4, 5. *Fam.*, 12, 2, 3.
[8] Cic., *Fam.*, 12, 2, 1.
[9] Cic., *Att.*, 15, 12, 2. 16, 14, 2. 16, 15, 6. Plut., *Cic.*, 44. Il avait été consul en 50.
[10] Cic, *Att.*, 14, 10, 3. 14, 20, 4. 14, 21, 2. 15, 2, 3. 16, 11, 8.
[11] Cic., *Att.*, 14, 18, 3. 14, 19, 4. 15, 7, 1. *Fam.*, 12, 2, 3. Il avait été consul en 51.
[12] Cic., *Fam.*, 12, 23, 1. Dio C., 45, 11. App., *b. c.*, 3, 21. 40.
[13] Cic., *Att.*, 15, 12, 2.
[14] Cf. Plut., *Ant.*, 16. Nic. Dam., 28.

loin ; ancien ami intime d'Antoine[1], il avait été blessé de ses procédés[2] ; il eut l'idée de mettre en accusation[3] les questeurs sortant de charge le 5 décembre, par conséquent Antoine lui-même, pour avoir gaspillé l'argent du trésor. Octave avait su plaire à Cicéron, et lui avait témoigné beaucoup d'égards au moment de leur première entrevue en avril[4] ; il avait eu l'habileté de lui expliquer qu'il considérait l'acquittement du legs de César comme un devoir de piété filiale ; il avait dissimulé son désir de punir les assassins[5], et surtout avait promis de respecter en tout les volontés du sénat[6] ; dans la suite il avait fait dire à Cicéron par C. Oppius qu'il n'entreprendrait rien contre les assassins et ne permettrait pas qu'on s'opposât à l'entrée en fonction de P. Servilius Casca comme tribun le 10 décembre[7]. Cicéron était assez avisé pour ne pas accepter les yeux fermés ces belles promesses de l'héritier de César, et ne pas se défier de sa jeunesse[8]. Mais il lui fallait choisir entre deux partis, ou succomber sous les coups d'Antoine, ou s'unir avec Octave[9]. Les chefs reconnus du parti républicain, M. Brutus et C. Cassius, avaient quitté l'Italie au mois d'octobre[10], malgré les témoignages de sympathie qu'ils avaient rencontrés partout dans les municipes[11] ; sous le prétexte d'aller veiller aux approvisionnements, ils étaient allés prendre possession des provinces qui leur avaient été primitivement désignées, la Macédoine et la Syrie[12] ; ils ne pourraient donc reprendre la direction du parti qu'après avoir

[1] Cic., *Att.*, 14, 17, 3. 14, 20, 5.
[2] Cic., *Att.*, 15, 19, 2. 15, 21, 1. 15, 29, 2. 16, 1, 6. 16, 3, 3. 16, 5, 2.
[3] Cic., *Att.*, 16, 14, 4. Cf. *Phil.*, 3, 7, 17.
[4] Cic., *Att.*, 14, 11, 2. 14. 12, 2. Cf. Plut., *Cic.*, 45.
[5] Cic., *Att.*, 15, 12, 2. Dio C., 45, 14. Cf. App., *b. c.*, 3, 30.
[6] Cic., *Att.*, 16, 9. 16, 11, 6. Cf. Tac., *Ann.*, 1, 10.
[7] Cic., *Att.*, 16, 12. 16, 15, 3. Cf. *Phil.*, 13, 15, 31. 13, 20, 46. *Ad Brut.*, 1, 17, 1. 1, 18, 1.
[8] Cic., *Att.*, 14, 12, 2. 15, 12, 2. 16, 8, 1. 16, 9. 16, 11, 6. 16, 14, 1. 16, 15, 3.
[9] Cic., *Att.*, 16, 14, 1. 16, 15, 5.
[10] Cic., *Fam.*, 12, 2, 3.
[11] Cic., *Phil.*, 2, 41, 107. 10, 3, 7. 10, 7, 14.
[12] Cic., *Phil.*, 11, 12, 27. Nic. Dam., 31. Dio C., 47, 20. App., *b. c.*, 3, 24. 26. 32. Plut., *Brut.*, 23. Vell., 2, 62.

triomphé à la tête de leurs armées. Cicéron ne s'unit donc avec Octave qu'à contre-cœur [1], espérant d'une part qu'il réussirait à le maintenir dans ses sentiments de déférence à l'égard du sénat [2], espérant d'autre part qu'après avoir abattu Antoine à l'aide d'Octave, il pourrait renverser Octave, dans le cas où ce dernier abuserait de la victoire, avec les armées de Brutus et de Cassius [3]. Il savait qu'il jouait un jeu dangereux et ne se faisait pas d'illusion sur l'issue de la lutte [4]. Cicéron n'en a pas moins eu un grand mérite, celui d'agir enfin avec décision et énergie dans des circonstances difficiles, et celui d'avoir honoré par son noble dévouement les derniers instants de la République.

Au moment où Octave arriva devant Rome, Dolabella venait de partir pour aller enlever la Syrie à C. Cassius [5]. Octave chargea le tribun Ti. Cannutius de parler au peuple, de lui déclarer qu'il défendrait la république [6], et de soulever l'opinion contre Antoine [7]. Octave entra dans la ville, protesta dans une assemblée de la loyauté de ses intentions, et fit le serment à double sens que voici : *Ita mihi parentis honores consequi liceat* [8]. Il n'eut pas le temps de négocier avec le sénat, il n'était pas absolument sûr de son armée [9], et Antoine venait de se mettre en marche de Brundisium vers Rome avec la légion de l'Alouette [10]. Octave conduisit son armée à Arretium [11], pour avoir le temps de gagner ses bonnes dispositions et la fortifier par des enrôlements ; d'Arretium il se mit en relation avec D. Brutus [12] ; D. Brutus n'avait pas voulu suivre

---

[1]) Cic., *Att.*, 16, 11, 6. *Fam.*, 12, 25, 4. *Ad Brut.*, 1, 15, 6. *Phil.*, 3, 8, 19. 5, 8, 23. Dio C., 45, 15. Plut., *Cic.*, 45.

[2]) Plut., *Cic.*, 45. Cf. Cic., *Phil.*, 5, 18. *Ad Brut.*, 1, 3, 1.

[3]) Cic., *ad Brut.*, 1, 10, 4. Cf. App., *b. c.*, 3, 48. Dio C., 45, 11. 46, 3. 34. Vell., 2, 62.

[4]) Cic., *Att.*, 16, 15, 5.

[5]) Dio C., 45, 15. 47, 29. App., *b. c.*, 3, 24. 57. Cic., *Phil.*, 11, 2, 4.]

[6]) Dio C., 45, 12. App., *b. c.*, 3, 41.

[7]) Vell., 2, 64.

[8]) App., *b. c.*, 3, 41. Cic., *Att.*, 16, 15, 3.

[9]) App., *b. c.*, 3, 42. 58.

[10]) Cic., *Att.*, 16, 8, 2. 16, 10, 1. 16, 13 c, 1. 16, 14, 1. Cf. App., *b. c.*, 3, 45.

[11]) App., *b. c.*, 3, 42. Dio C., 45, 12.

[12]) Dio C., 45, 14. Cf. Cic., *Fam.*, 11, 7, 2.

le conseil de Cassius et de M. Brutus [1], c'est-à-dire marcher sur Rome pour attaquer Antoine au moment favorable ; il n'avait même pas fait de préparatifs pour une résistance énergique [2], dans le cas où il serait attaqué ; il avait préféré entreprendre une campagne contre les montagnards des Alpes : il croyait avoir mérité le triomphe [3].

En se rendant à Brundisium, Antoine s'était arrêté à Suessa, pour faire exécuter les soldats de sa garde qui avaient été arrêtés pour avoir pris part au complot d'Octave [4]. A Brundisium il constata que les légions de Macédoine déjà mises en relation avec Octave à Apollonia [5], avaient été travaillées par ses agents [6]. Antoine les réunit, leur parla ; les soldats murmurèrent et se plaignirent du présent qu'on leur faisait : 100 deniers (400 serterces) par soldat, ce n'était pas assez [7]. Antoine voulut rétablir l'ordre en employant la rigueur ; il fit arrêter et exécuter un certain nombre de soldats et de centurions [8]. Alors la légion Martia et la IVe se séparèrent du parti d'Antoine, qui était accouru à Rome ; pendant qu'on les conduisait dans le nord de l'Italie, elles passèrent du côté d'Octave [9].

Avant de rentrer à Rome, Antoine avait convoqué le sénat pour le 24 novembre ; l'édit portait que tous les sénateurs devaient assister à la séance, ceux qui ne viendraient pas seraient considérés comme ses ennemis [10] ; les tribuns L. Cas-

[1]) Cic., *Att.*, 15, 11, 2.
[2]) App., *b. c.*, 3, 27.
[3]) Cic., *Fam.*, 11, 4, 5. 11, 5, 1.
[4]) Cic., *Phil.*, 3, 4, 10. 4, 2, 4. 13, 8, 18. Cf. App., *b. c.*, 3, 39.
[5]) App., *b. c.*, 3, 10. Nic. Dam., 16. Vell. 2, 59.
[6]) App., *b. c.*, 3, 31. 39. 40. 43. Dio C., 45, 12. Nic. Dam., 31. Cf. Cic., *Att.*, 16, 8, 2.
[7]) Cic., *Att.*, 16, 8, 2. *Phil.*, 5, 8, 22. App., *b. c.*, 3, 43. Dio C., 45, 13.
[8]) Cic., *Phil.*, 3, 2, 4. 3, 4, 10. 3, 12, 30. 4, 2, 4. 5, 8, 22. 12, 6, 12. 13, 8, 18. Liv., *ep.*, 117. Dio C., 45, 13, 35. App., *b. c.*, 3, 43. 53. 56.
[9]) Cic., *Phil.*, 3, 3. 4, 2. 5, 8, 23. 5, 19, 52. 10, 10, 21. 12, 3, 8. 13, 16, 33. 14, 10, 27. 14, 12, 31. *Fam.*, 10, 28, 3. 11, 7, 2. Liv., *ep.*, 117. Vell., 2, 61. Tac., *Ann.*, 1, 10. Dio C., 45, 13. 42. App., *b. c.*, 3, 45. 47. 56.
[10]) Cic., *Phil.*, 3, 8, 20.

sius, D. Carfulenus et Ti. Cannutius ne pourraient y assister[1].
Antoine rentra dans Rome pour le jour indiqué ; son entrée se
fit en grand appareil, il parut entouré de sa garde, avec des
airs menaçants[2] : la séance du sénat fut renvoyée au 28 novembre[3] : Antoine voulut d'abord se rendre à Tibur pour
haranguer ses troupes et s'assurer de leur fidélité[4]. Son intention était de mettre à l'ordre du jour au sénat la discussion
sur la situation de la république, *de summa republica*, et
d'obtenir un sénatus-consulte portant qu'Octave[5] était un
ennemi de la république, *hostis rei publicæ*[6]. Mais avant la
séance il apprit la défection de la IV° légion ; il changea
l'ordre du jour, et fit voter des actions de grâces en l'honneur
de Lépide[7]. Lépide avait réussi à empêcher une guerre[8] avec
Sex. Pompée, au moyen de négociations dont il avait été
chargé en avril. En faisant voter des actions de grâces, Antoine
n'avait qu'un but, s'attacher Lépide, qui, maître de la Gaule
narbonnaise, pouvait lui rendre des services, mais aurait pu
aussi lui susciter des difficultés ; en second lieu, il espérait
détacher Sex. Pompée de la coalition républicaine, à la tête
de laquelle se plaçait Octave ; en vertu du traité signé avec
Lépide, traité qui fut alors approuvé[9], le Trésor devait rem-
bourser à Sex. Pompée, en argent, la somme qu'avait produite
la confiscation des biens du grand Pompée[10]. Après le
28 novembre, Antoine essaya, mais inutilement, de ramener à
son parti[11] la légion Martia[12], qui était alors à Alba Fucentia ;

[1]) Cic., *Phil.*, 3, 9, 23.
[2]) App., *b. c.*, 3, 45. 52. Cic. *Phil.*, 13, 9, 23.
[3]) Cic., *Phil.*, 3, 8, 20.
[4]) Cic., *Phil.*, 13, 9, 19.
[5]) Antoine l'avait déjà attaqué dans de nombreux édits avec violence :
Cic., *Phil.*, 3, 6, 15. 3, 8, 19. 21. 13, 9, 19.
[6]) Cic., *Phil.*, 3, 8, 20. 3, 9, 24. 5, 9, 23. 13, 9, 19. App., *b. c.*, 3, 45.
[7]) Cic., *Phil.*, 3, 9, 23. Cf. *Att.*, 16, 11, 8.
[8]) Cic., *Phil.*, 5, 15, 40. 13, 4, 8. 13, 21, 50. Cf. *Att.*, 15, 29, 1. 16, 1,
4. 16, 4, 1,
[9]) La ratification du traité est considérée comme l'œuvre de Cicéron : Cic., *Phil.*, 5, 14, 39. 5, 15, 41. Dio C., 45, 9. 10 est du même
avis.
[10]) Dio C., 45, 9. 10. 48, 17. App., *b. c.*, 3, 4. 57. 94. Cic., *Phil.*, 13, 5,
10 et seq.
[11]) App., *b. c.*, 3, 45.
[12]) Cic., *Phil.*, 3, 3, 6. 4, 2, 6. 14, 12, 31.

il réunit encore le sénat pour régler différentes affaires administratives [1] : on tira au sort les provinces prétoriennes pour 43 ; son frère Gajus eut la Macédoine [2]. Puis il quitta Rome la nuit sans avoir rempli les formalités prescrites [3] ; il se rendit à Tibur [4], où il fit prêter le serment à ses soldats, aux sénateurs et aux chevaliers qui l'accompagnaient [5]. Son armée comprenait [6] une légion de vétérans et trois légions de Macédoine, son frère Lucius commandait une de ces dernières [7] ; il se mit en route pour Ariminum, voulant prendre possession de la Gaule cisalpine [8] avant la fin de l'année [9]. Il agissait en consul [10], et non en proconsul : les pouvoirs que lui avaient conférés la loi Antonia de permutatione provinciarum ne devaient commencer qu'au 1er janvier [11].

Grâce à Octave, Rome fut délivrée pour quelque temps de la tyrannie d'Antoine [12]. Un grand événement venait de s'accomplir, gros de conséquences : l'héritier d'un dictateur venait de soustraire des légions vénales à l'autorité d'un consul [13], qui était, il est vrai, un tyran, mais enfin possédait un pouvoir légal ; la liberté était encore une fois sauvée non par la loi, mais par la trahison des légions [14]. Les premiers dictateurs, Sylla et César, étaient au moins de glorieux génies militaires qui se servaient de l'armée, instrument souple entre leurs mains, pour assurer leur pouvoir. Maintenant, l'État est

[1]) Cic., *Phil.*, 3, 10, 24. 13, 9, 19. Dio C., 45, 13.
[2]) Cic., *Phil.*, 3, 10, 24 et seq. Dio C., 45, 9. 22.
[3]) Cic., *Phil.*, 3, 4, 11. 3, 10, 24. 5, 9, 24. 13, 9, 19.
[4]) Cf. Cic.. *Phil.*, 6, 4, 10.
[5]) App., *b. c.*, 3, 46. 58. Dio C., 45, 13.
[6]) App., *b. c.*, 3, 46.
[6]) Cic., *Phil.*, 3, 12, 31. Cf. 6, 4, 10. 6, 5, 14.
[8]) Dio C., 45, 13. App., *b. c.*, 3, 52. Cic., *Phil.*, 3, 1, 1. 3, 12, 31. 5, 9, 24. 10, 10, 21.
[9]) Dio C., 45, 20.
[10]) Cic., *Phil.*, 4, 4, 9. Cf. 3, 5, 12. 5, 13, 37. 6, 3, 8. Cf. Cic., *ad Att.*, 8, 15, 3 *consules, quibus more majorum concessum est vel omnes adire provincias.*
[11]) App., *b. c.*, 3, 55. Dio C., 46, 26.
[12]) Cic., *Phil.*, 3, 2. 3, 4, 8. 4, 1, 3. *Fam.*, 10, 28, 3. Dio C., 45, 38.
[13]) Plut., *Brut.*, 23.
[14]) Cf. Cic., *Phil.*, 13, 16, 33. App., *b. c*, 3, 56. 62. Dio C., 43, 22. 26.

livré aux caprices de mercenaires qui se soucient fort peu de leurs chefs, pour qui la Constitution et le bonheur des citoyens sont des choses tout à fait secondaires[1].

En décembre, il n'y avait plus de consuls à Rome[2] ; le préteur urbain C. Antoine était parti pour aller prendre possession de sa province de Macédoine[3]. Il fallut attendre l'entrée en fonction des nouveaux consuls pour remettre en mouvement la machine gouvernementale[4].

[1] Cf. Cic., *Phil.*, 10, 7, 15. 10, 9, 18. 11, 8, 20. 11, 14, 37. 13, 6, 14.
[2] Dio C., 45, 15.
[3] Cic., *Phil.*, 10, 5, 10 et seq.
[4] App., *b. c.*, 3, 47. Cic., *Phil.*, 5, 1, 1. 5, 11, 30. *Fam.*, 10, 4, 4.

CHAPITRE VINGT-SIXIÈME

Cicéron avait d'abord décidé qu'il rentrerait à Rome pour le 12 novembre ; il avait renoncé à son projet en apprenant le retour d'Antoine [1] ; il ne revint que le 9 décembre [2]. Le lendemain, quelques-uns des nouveaux tribuns [3], entre autres M. Servilius, convoquèrent le sénat pour le 20 décembre [4] ; on devait discuter les mesures que l'on prendrait pour protéger le sénat et les nouveaux consuls, C. Pansa et A. Hirtius [5]. Avant la séance on répandit dans Rome un édit de D. Brutus, qui venait de faire de grandes levées de troupes [6] ; il annonçait qu'il refusait de livrer la Gaule cisalpine à Antoine, et la tenait à la disposition du sénat [7]. Le 20 décembre, Cicéron prononça la troisième Philippique ; il demanda que l'on donnât une garde aux nouveaux consuls, afin qu'ils pussent garantir la liberté des délibérations du sénat le 1er janvier ; il demanda aussi que l'on adressât des félicitations à D. Brutus, que le même Brutus, L. Munatius Plancus (gouverneur de la Gaule ultérieure), et, en général, tous les gouverneurs de province, fussent invités à garder le commandement jusqu'à l'arrivée de leurs successeurs désignés par le sénat ; il demanda enfin que les deux nouveaux consuls fussent chargés de proposer le plus tôt possible, après leur entrée en fonction,

[1]) Cic., *Att.*, 16, 12. 16, 3c, 1.
[2]) Cic., *Fam.*, 11, 5, 1.
[3]) Cic., *Phil.*, 4, 6, 15.
[4]) Cic., *Fam.*, 10, 28, 2. 11, 6, 2.
[5]) Cic., *Fam.*, 11, 6, 2. *Phil.*, 3, 5, 13. 3, 10, 25.
[6]) Cic., *Fam.*, 11, 7, 3.
[7]) Cic., *Fam.*, 11, 6, 2. *Phil.*, 3, 4, 8. 4, 3, 7.

quels honneurs on rendrait à Octave et aux deux légions qui
s'étaient données à lui[1]. Le sénat vota toutes ces propositions[2]; le même jour, Cicéron parla au peuple et prononça
sa quatrième Philippique devant une assemblée nombreuse et
tumultueuse[3]; il prouva qu'Antoine venait d'être implici-
tement déclaré ennemi du peuple romain[4].

Le décret du sénat concernant les provinces annulait de
fait[5] la répartition des provinces prétoriennes faites par
Antoine, contre laquelle d'ailleurs avaient protesté plusieurs
préteurs[6]. Cicéron crut qu'avec ce décret on pourrait tra-
vailler à relever la constitution républicaine[7]; il se flatta de
redevenir, comme autrefois, le chef écouté d'un gouvernement
dirigé par le sénat[8]. Mais le sénat avait bien changé depuis
vingt ans : beaucoup de consulaires étaient morts, surtout
pendant la guerre civile[9]; il venait de perdre, peu de temps
auparavant, le dernier représentant de l'oligarchie sylla-
nienne, P. Servilius Vatia Isauricus, consul en 79, père du
consul de 48[10]. Un des consulaires les plus influents, L. Auré-
lius Cotta, le consul de 65, s'était retiré de la vie politique[11].
Les autres consulaires, dont nous avons donné les noms
plus haut (page 575) désapprouvaient la conduite d'Antoine,
du moins en partie; mais un grand nombre, comme L. Julius
Cæsar, oncle d'Antoine[12], étaient gênés par diverses considé-

[1]) Cic., *Phil.*, 3, 15.
[2]) Cic., *Fam.*, 12, 22, 3. 12, 25, 2. *Phil*, 4, 2, 4 et seq. 4, 4, 8.
5, 1, 2 et seq. 5, 11, 28. 6, 1, 1. 10, 11, 23. Cf. Dio C., 45, 15. 19. 46,
26. 29.
[3]) Cic., *Fam.*, 11, 6, 3. *Phil.*, 6, 1, 2. 7, 8, 22.
[4]) Cic., *Phil.*, 4, 1, 1. 4, 2, 5.
[5]) Cic., *Phil.*, 7, 1, 3. Cf. Dio C., 46, 29.
[6]) Cic., *Phil.*, 3, 10, 25, Dio C., 45, 34.
[7]) Cic., *Fam.*, 10, 28, 2. 12, 25, 2. *Phil.*, 4, 1. 1. 5, 11, 30. 6, 1, 2. 14,
7, 20.
[8]) Cic., *Fam.*, 10, 28, 1. 12, 24, 2. Cf. *ad Brut.*, 2, 1, 2, *Phil.*, 14,
7, 20.
[9]) Cic., *Phil.*, 13, 14, 29.
[10]) Cic., *Phil.*, 2, 5, 12. Dio C., 45, 16. Hieron., *ad Eus. chron.*, p. 137.
(Edit. Schœne).
[11]) Cic., *Fam.*, 12, 2, 3. Cf. *Phil.*, 2, 6, 13.
[12]) Cic., *Phil.*, 2, 6, 14. 12, 7, 18.

rations[1] ou dominés par la crainte[2]; d'autres, comme Q. Fufius Calenus, le consul de 47, dont Cicéron avait repoussé les avances[3], s'étaient ouvertement prononcés pour Antoine[4]. La masse des sénateurs formant la majorité était composée de créatures de César et d'Antoine, n'offrant aucune garantie de valeur politique et morale. Un pareil sénat n'était pas capable de se prêter à la réalisation d'un programme politique républicain[5].

Cicéron dut le comprendre à la séance du 1er janvier 43. On savait à Rome qu'Antoine assiégeait D. Brutus dans Modènes[6]; d'après les résolutions prises le 20 décembre, le sénat devait traiter Antoine comme un ennemi de l'État et lui déclarer la guerre[7]; le sénat n'eut pas le courage d'aller jusque-là. Les consuls, conformément aux décisions prises le 20 décembre, firent leur rapport sur les récompenses qu'il fallait accorder à ceux qui avaient bien mérité de l'État[8]. Le premier consulaire interrogé — avant Cicéron, on interrogea Q. Fufius Calenus[9], Ser. Sulpicius Rufus et P. Servilius Isauricus[10], — déclara qu'il fallait d'abord envoyer une ambassade à Antoine pour essayer un rapprochement[11]. Cicéron prononça alors la cinquième Philippique[12]; il demanda que l'on reconnût solennellement par un décret que la guerre était déclarée, et que l'on donnât aux consuls tous les pouvoirs nécessaires pour sauver la république[13]. Les autres con-

---

[1]) Cic., *Fam.*, 10, 28, 3. 12, 2, 3. 12, 5, 2. *Phil.*, 8, 1, 1. 8, 7, 22.

[2]) Cic., *Fam.*, 10, 28, 3. 12, 5, 3. *Phil.*, 8, 11, 32. 14, 7, 17.

[3]) Cic., *Att.*, 15, 4, 1. Cf. 16, 11, 1.

[4]) Cic., *Fam.*, 12, 2, 3. 12, 4, 1. 12, 5, 3. 10, 28, 3. *Phil.*, 8, 4 et seq. 7, 2, 4. 8, 11, 32. 10, 1, 3 et seq. 12, 1, 1. 12, 7, 18. Dio C., 45, 46. 46, 132,

[5]) Cf. Cic., *Phil.*, 7, 6, 18. Dio C., 46, 34.

[6]) Cic., *Phil.*, 5, 9, 24. 6, 2, 3. 7, 5, 15. 12, 5, 12. 13, 9, 20. Cf. Liv., *ep.*, 117. 118. App., *b. c.*, 3, 49. 53. Dio C., 45, 34. 36. 42. 45.

[7]) Cic., *Phil.*, 5, 11, 29. Dio C., 45, 39.

[8]) Cic., *Phil.*, 5, 1, 1. 5, 11, 28. 5, 12, 34. 6, 1, 1. Dio C., 45, 17. App., *b. c.*, 3, 50.

[9]) Cic., *Phil.*, 10, 1, 3.

[10]) Cic., *ad Brut.*, 1, 15, 7. *Phil.*, 7, 9, 27. 9, 1, 3.

[11]) Cic., *Phil.*, 5, 1, 2. 5, 9, 25.

[12]) Cic., *ad Brut.*, 2, 5, 4.

[13]) Cic., *Phil.*, 5, 12, 31. 34. 6, 1, 2. 6, 6, 16. App., *b. c.*, 3, 50. Cf. les déclamations de Dio C., 45, 18-47 et d'App., *b. c.*, 3, 52.

sulaires, qui votaient après Cicéron, surtout Q. Fufius Calenus [1], qui dut prendre la parole une seconde fois, combattirent la proposition et indiquèrent différents moyens de
conciliation [2]. Cependant, le 2 et le 3 janvier, on fut assuré
que la proposition de Cicéron passerait. Le 2 janvier, le vote
fut ajourné [3] sur la demande du tribun Salvius, d'accord avec
Cicéron ; le 3, on vota les propositions concernant les honneurs
à rendre à ceux qui avaient bien mérité de la république, tout ce
qu'avait demandé Cicéron [4]. Un sénatus-consulte fut rédigé pour
féliciter D. Brutus de s'être révolté contre Antoine [5]. Octave,
qui malgré les pressantes sollicitations de ses soldats n'avait
pas encore pris les insignes du commandement [6], Octave, dont
Cicéron garantit la loyauté [7], fut autorisé à prendre les pouvoirs d'un propréteur (*Imperium pro prætore*), le titre de sénateur ; il eut le droit de voter avec les Prétoriens [8] et de briguer
les magistratures républicaines comme s'il avait été questeur
en 44 [9]. Sur la demande de L. Marcius Philippus, on décida
qu'on lui élèverait une statue équestre [10]. Enfin, les vétérans
d'Octave et les soldats d'Antoine qui avaient passé de son
côté seraient exemptés du service militaire, eux et leurs
enfants ; ils recevraient de l'argent et des terres [11].

Le vote sur les résolutions générales concernant la Répu-

---

[1] Cf. les déclamations de Dio C., 46, 1-28.

[2] Cic., *Phil.*. 5, 2, 5. Dio C., 46, 27. App., *b. c.*, 3, 50. 59. Cf. 3, 49.
Dio C., 46, 29.

[3] App., *b. c.*, 3, 50. 4, 17.

[4] Cic., *Phil.*, 5, 13, 35 et seq. 7, 4, 14. Dio C., 45, 42.

[5] Cic., *Phil.*, 5, 13, 36. 7, 4, 11. App., *b. c.*, 3, 51.

[6] App., *b. c.*, 3, 48. 75. 87.

[7] Cic., *Phil.*, 5, 18. Cf. *ad Brut.*, 1, 18, 3.

[8] Cic., *Phil.*, 5, 16, 46. Cf. Plut., *Ant.*, 17. Dio C. commet une erreur,
46, 29 ἐν τοῖς τεταμιευκόσι.

[9] Cic., *Phil.*, 5, 16, 45. 7, 3, 10. 11, 8, 20. *Ad Brut.*, 1, 15, 7. Plut.,
Cic., 45. *Ant.*, 17. Obseq., 69. Vell., 2, 61. Suet., *Aug.*, 10. Tac.,
Ann., 1, 10. App., *b. c.*, 3, 64. 88. Il y a des confusions dans Liv.,
ep., 118, et App., *b. c.*. 3, 51. Cf. *Mon. Ancyr.*, 1, 3. Dio C., 46,
41. 46.

[10] Cic., *ad Brut.*, 1, 15, 7. Vell., 2, 61. App., *b. c.*, 3, 51. 64. Dio C.,
46, 29.

[11] Cic., *Phil.*, 5, 19. 7, 3, 10. App., *b. c.*, 3, 51. 53. 56. Dio C.,
46, 29.

blique fut fixé au 4 janvier [1]; pendant la nuit, les amis d'Antoine se donnèrent beaucoup de mouvement [2] et réussirent à faire présenter par L. Calpurnius Piso [3] une proposition intermédiaire [4] : on n'enverrait pas une ambassade à Antoine pour négocier, on ne déclarerait pas la guerre, comme le demandait Cicéron, mais on ordonnerait à Antoine de lever le siège de Modènes, et de revenir en deçà du Rubicon sans rentrer dans Rome; il resterait à 200,000 pas de la ville [5]. Si Antoine désobéissait, on déclarerait aussitôt la guerre [6], qui serait conduite avec une grande énergie : l'un des consuls aurait le commandement de l'armée, l'autre serait chargé de lever des troupes et de préparer des armements [7]. Cicéron, pas plus qu'Octave [8], ne fut satisfait; tout retard apporté à la déclaration de guerre ne faisait qu'augmenter le danger [9]. Cependant il consentit, sur la demande des chevaliers et du peuple [10], à parler au peuple dans une assemblée convoquée par le tribun P. Appuleius [11] après la séance du sénat [12]; dans la sixième Philippique, il interpréta au profit de sa cause la résolution votée par le sénat, et montra que la déclaration de guerre était seulement différée [13].

Les trois ambassadeurs désignés furent trois consulaires [14] : Ser. Sulpicius Rufus [15], L. Calpurnius Piso et L. Marcius Philippus [16]. Ils furent aussi chargés d'aller communiquer à D. Brutus les résolutions prises en sa faveur, et celles qui

[1]) Cic., *Phil.*, 6, 1, 3. 7, 4, 14. Cf. Dio C., 45, 17. 46, 29.
[2]) App., *b. c.*, 3, 51.
[3]) Cf. la déclamation d'App., *b. c.*, 3, 54-60.
[4]) Cf. Cic., *Phil.*, 5, 9, 26. Dio C., 45, 43.
[5]) Cic., *Phil.*, 6, 1, 3 et seq. 7, 1, 2. 7, 4, 14. 7, 9, 26. 12, 5, 11. 11, 2, 4. *Fam.*, 12, 4, 1. App., *b. c.*, 3, 61. Dio C., 46, 29.
[6]) Cic., *Phil.*, 6, 3, 9. 7, 4, 14. *Fam.*, 12, 24, 2.
[7]) Cic., *Phil.*, 7, 4, 11 et seq. Cf. Dio C., 45, 42. 46, 29.
[8]) Dio C., 46, 35.
[9]) Cic., *Phil.*, 5, 9, 25. Dio C., 45, 43 et seq.
[10]) Cic., *Phil.*, 7, 8, 21.
[11]) Cic., *Phil.*, 6, 1, 1. 6, 7, 18.
[12]) Cic., *Phil.*, 6, 1, 3.
[13]) Cic., *Phil.*, 6, 2, 4. 6. 3, 9. 6, 6, 16.
[14]) Cic., *Phil.*, 8, 6, 17. 13, 9, 20.
[15]) Cic., *Phil.*, 9, 4, 9.
[16]) Cic., *Phil.*, 8, 10, 28. 9, 1, 1. *Fam.*, 12, 4, 1.

avaient été votées pour les soldats[1]. Le consul A. Hirtius[2], qui relevait d'une grave maladie, fut désigné[3] pour aller rejoindre et commander l'armée d'Octave[4]. C. Pansa devrait veiller aux levées de troupes et diriger les affaires à Rome[5].

Pendant l'absence des députés, le sénat prit plusieurs résolutions qui dénotent un commencement de réaction contre César; on revint sur les honneurs extraordinaires accordés à sa mémoire. Ainsi on résolut de rendre à sa destination primitive la curie Hostilia[6]; on supprima les impôts destinés à pourvoir les nouveaux Luperques juliens[7]. Le sénat décida encore, et ce dut être à ce moment, qu'à l'avenir personne ne pourrait avoir ses pouvoirs prorogés pour plus d'une année; on défendit de confier à un seul le soin de veiller aux approvisionnements[8]. On ne prit pas garde que ces derniers décrets attaquaient surtout Octave; Octave d'ailleurs ne se faisait pas illusion : il savait que si on le favorisait, c'était pour l'opposer à Antoine[9]. Les dispositions du sénat à l'égard d'Antoine étaient devenues plus mauvaises[10] à la suite des agitations provoquées par ses amis; Cicéron en profita pour étaler son zèle en faveur de la cause républicaine[11] : au moment où la suppression des impôts césariens était à l'ordre du jour, il prononça la septième Philippique pour montrer que quand même il serait possible de faire la paix avec Antoine, cette paix serait honteuse et nuisible[12].

Malheureusement le plus capable des trois ambassadeurs, Ser. Sulpicius Rufus, mourut au moment où l'ambassade

---

[1] Cic., *Phil.*, 6, 3, 6. 7, 9, 26.
[2] Cic., *Fam.*, 12, 22, 2. *Phil.*, 10, 8, 16.
[3] Cic., *Phil.*, 14, 2, 4.
[4] Cic., *Phil.*, 7, 4, 12. 8, 2, 5. *Fam.*, 11, 8, 2. App., *b. c.*, 3, 65.
[5] Cic., *Phil.*, 7, 4, 13. 10, 10, 21. 11, 10, 24. 14, 2, 5. *Fam.*, 11, 8, 2. 12, 5, 2. Dio C., 46, 36. App., *b. c.*, 3, 65.
[6] Dio C., 45, 17. Voir plus haut, p. 525.
[7] Cic., *Phil.*, 7, 1, 1. 13, 15, 31.
[8] Dio C., 46, 39.
[9] App., *b. c.*, 3, 48. 64. Cf. Dio C., 46, 34.
[10] Cic., *Phil.*, 7, 1, 1.
[11] Cic., *Fam.*, 10, 28, 2. 12, 24, 2. *Phil.*, 14, 7, 20.
[12] Cic., *Phil.*, 7, 3, 8.

arrivait au camp d'Antoine [1]. Cicéron fit son éloge, après le retour des deux autres ambassadeurs, dans sa neuvième Philippique ; le sénat honora sa mémoire en votant les propositions présentées par Cicéron en sa faveur [2]. L. Calpurnius Piso et L. Marcius Philippus revinrent à Rome sans avoir rempli leur mission auprès d'Antoine [3], et sans avoir trouvé l'occasion de voir D. Brutus [4]. Ils donnèrent comme prétexte qu'Antoine les avait chargés de faire connaître ses conditions au sénat [5]. Ils ramenèrent avec eux une créature d'Antoine, L. Varius Cotyla [6] ; Cotyla était chargé de gagner les sénateurs individuellement au parti d'Antoine [7].

Voici quelles étaient les propositions d'Antoine [8] : il renoncerait à la Gaule cisalpine, et même à la Macédoine ; il pouvait en effet revendiquer cette dernière province, devenue libre depuis qu'on avait annulé la répartition faite par lui des provinces prétoriennes [9] ; il licencierait son armée et ferait la paix avec le sénat ; mais il fallait que d'abord on accordât des terres à ses six légions, à sa cavalerie et à sa cohorte prétorienne, sans porter préjudice à ceux qui avaient été pourvus par sa loi de colonis in agros deducendis ; il fallait ensuite que l'on approuvât tous ses actes, et ceux de Dolabella, y compris les mesures prises en vertu des papiers de César ; il fallait aussi qu'on le dispensât de rendre aucun compte pour les dépenses faites sous son administration avec l'argent du trésor ; il fallait encore que les septemviri de la loi agraire

---

[1]) Cic., *Phil.*, 9, 1, 1. 9, 3, 7. 9, 7, 15. 8, 7, 22. 13, 14, 29. *Fam.*, 10, 28, 3. 12, 5, 3.

[2]) Cic., *Phil.*, 9, 7, 15 et seq. Pomp., *Dig.*, 1, 2, 2, 43. Hieron., *Chron.*, p. 137 (Schœne).

[3]) Cic., *Phil.*, 8, 6, 17. 8, 7, 20. 8, 11, 32. 12, 5, 11. 13, 9, 21. 13, 21, 48. Liv., *ep.* 118. App., *b. c.*, 3, 62.

[4]) Cic., *Phil.*, 8, 7, 21 ; la lettre *Fam.*, 11, 8 ne dut donc pas arriver à son adresse.

[5]) Cic., *Phil.*, 8, 7, 22. 8, 10, 28. *Fam.*, 12, 4, 1.

[6]) Cf. Cic., *Phil.* 5, 2, 5. Plut., *Ant.*, 18.

[7]) Cic., *Phil.*, 8, 8, 24. 8, 10, 28. Cf. 13, 12, 26.

[8]) Cic., *Phil.*, 8, 8, 25 et seq. 13, 18, 37. Dio C., 46, 30 est incomplet et en partie inexact, cf. 46, 35.

[9]) Cic., *Phil.*, 7, 1, 3. 10, 6, 13. Dio C., 46, 29. App., *b. c.*, 3, 61. Cf. 3, 49. 59.

de L. Antoine[1] et tous ceux qui se trouvaient alors avec lui fussent garantis contre toute poursuite pour illégalité et pour reddition de comptes ; enfin Antoine exigeait que sa loi judiciaire fût respectée. Il demandait en outre qu'on lui laissât[2] la Gaule chevelue (*Gallia comata*) administrée auparavant par L. Plancus et A. Hirtius, puis par Plancus seul depuis que Hirtius était devenu consul ; il conserverait les six légions qui s'y trouvaient alors, et les compléterait avec l'armée de D. Brutus ; il désirait que cette province lui fût garantie en vertu de la loi tribunitienne de provinciis consularibus (voir plus haut, page 562) aussi longtemps que M. Brutus et C. Cassius, candidats désignés pour le consulat de 41, resteraient en possession de leurs provinces consulaires, c'est-à-dire pendant deux ans, comme l'avait prescrit la loi Julia de provinciis.

Plus tard, Cicéron jugea que ces exigences étaient relativement modérées[3] ; plus tard aussi Antoine avoua qu'il aurait pu céder sur quelques points[4] ; mais le Sénat ne les accepta pas, bien que Q. Fufius Calenus et quelques autres eussent demandé l'envoi d'une nouvelle ambassade auprès d'Antoine pour continuer les négociations[5]. On préféra, vers la commencement de février, se conformer au vote du 4 janvier : on prit le vêtement de guerre (*sagum*)[6] et les consuls furent investis de pouvoirs extraordinaires (par le *senatus consultum ultimum*)[7]. Mais on montra une grande timidité[8] ; on ne voulut pas que le mot guerre, *bellum*[9], fût inscrit dans le sénatus-consulte, et Antoine ne fut pas qualifié d'ennemi, *hostis*, comme le voulait Cicéron[10]. Reprenant son amendement,

---

[1] Cic., *Phil.*, 6, 5, 14. 11, 6, 13. Cf. Dio C., 46, 36.
[2] Cf. Cic., *Phil.*, 5, 2, 5. 7, 1, 3. 12, 6, 13.
[3] Cic., *Phil.*, 12, 5, 11. Cf. Dio C., 46, 30.
[4] Cic., *Phil.*, 13, 17, 36.
[5] Cic., *Phil.*, 8, 4, 11. 8, 7, 20.
[6] Cic., *ep.*, *Fragm.* Ap., Non. Marc., s. v. *sagum*, p. 368 G.
[7] Cic., *Phil.*, 8, 2, 6. 10, 9, 19. 12, 7, 16. 13, 10, 23. 14, 1, 3. Liv., *ep.*, 118, Dio C., 46, 31.
[8] Cic., *Phil.*, 8, 7, 21.
[9] Cic., *Phil.*, 8, 1, 1. 14, 7, 20.
[10] Cic , *Phil.*, 12, 7, 17. 14, 8, 21. Appien, Plutarque, Orose et Eutrope

Cicéron le développa le lendemain [1] en le modifiant [2] dans sa huitième Philippique ; on décida que l'on pardonnerait aux soldats d'Antoine qui l'abandonneraient avant le 15 mars [3] ; quiconque, excepté L. Varius Cotyla, se rendrait désormais auprès d'Antoine, serait considéré comme ennemi de l'État [4]. Mais on manquait d'argent, on n'en trouva même pas pour payer la solde ; il fallut faire appel aux contributions volontaires et suspendre les jeux [5].

En février [6] le sénat annula [7] les lois de M. Antoine ; Cicéron en avait fait la demande dès le 1er janvier [8] ; on donna comme raison qu'elles avaient été imposées par la force et votées contrairement aux auspices [9]. On en fit autant pour les actes d'Antoine [10], surtout pour les sénatus-consultes falsifiés et les faveurs accordées soi-disant d'après les papiers de César [11]. On déclara aussi qu'Antoine avait employé pour ses dépenses personnelles l'argent pris dans le trésor au moment de la mort de César [12]. On avait donc annulé avec les autres lois la loi Antonia de actis Cæsaris ; il fallait cependant un acte législatif qui donnât à ces actes force de loi [13] ; alors Pansa prépara une proposition générale sur ce sujet, qui fut votée en mars par les comices centuriates sous le nom de *lex Vibia de Actis Cæsaris* [14]. Pansa fit aussi confirmer les donations faites aux vétérans en vertu de la loi Antonia de

se sont trompés : App., *b. c.*, 3, 63. Plut., *Ant.*, 17. Oros., 6, 18. Eutr., 7, 1.

[1]) Cic., *Phil.*, 8, 1, 1. 8, 7, 20. 8, 10, 28.

[2]) Cic., *Phil.*, 8, 11, 32.

[3]) Cic., *Phil.*, 8, 11, 33. *Ep. Frag.* apud Non. Marc. s. v. *aditus.*, p. 162 G. App., *b. c.*, 3, 63. Dio C., 46, 31.

[4]) Cic., *Phil.*, 8, 11, 33.

[5]) Dio C., 46, 31. App., *b. c.*, 3, 66.

[6]) Cic., *Phil.*, 12, 5, 11.

[7]) Cic., *Phil.*, 12, 5, 12. 13, 3, 5. 14, 2, 5. Dio C., 46, 36.

[8]) Cic., *Phil.*, 5, 4, 10.

[9]) Cic., *Phil.*, 6, 2, 3. Dio C., 45, 27.

[10]) Cic., *Phil.*, 13, 3, 5.

[11]) Cic., *Phil.*, 12, 5, 12. Cf. 8, 8, 25. App., *b. c.*, 3, 82 place ces faits beaucoup trop tard.

[12]) Cic., *Phil.*, 12, 5, 12. Cf. 8, 9, 26.

[13]) Cic., *Phil.*, 5, 4, 10.

[14]) Cic., *Phil.*, 10, 8, 17.

colonis deducendis par une seconde *lex Vibia* qui fut aussi votée par les centuries [1]. Enfin une troisième loi, *lex Vibia de dictatura tollenda*, confirma celle de M. Antoine [2].

Il faut signaler à ce moment quelques décisions sénatoriales qui témoignent d'un retour de faveur pour l'ancien parti de Pompée ; ainsi on promit de rendre aux habitants de Marseille les avantages que leur avait enlevés César pour les punir de leur attachement au parti pompéien [3] ; la loi Hirtia de Pompeianis (voir plus haut, page 508) fut rapportée [4]. Une pareille attitude de la part du Sénat blessait à la fois Antoine [5] et Octave [6].

Pendant le courant de février, malgré le décret rendu sur la proposition de Cicéron, beaucoup de citoyens et de fonctionnaires ne craignirent pas de se rendre dans le camp d'Antoine [7] ; on signale le tribun L. Décidius Saxa [8], les préteurs L. Marcius Censorinus [9] et P. Ventidius [10]. Ce dernier rassembla des vétérans des colonies et en forma deux légions ; ne pouvant se rendre auprès d'Antoine, il s'établit dans le Picenum, où il organisa une troisième légion et commanda les communications entre Rome et la Cisalpine [11].

Sur ces entrefaites, on reçut à Rome un rapport de M. Brutus [12]. Il s'était joint à C. Cassius dans Athènes [13] et s'était dirigé par marches forcées [14] sur la Macédoine [15]. Là il avait pris le commandement des légions levées par Q. Hortensius

---

[1] Cic., *Phil.*, 13, 15, 31.
[2] Cic., *Phil.*, 5, 4, 10.
[3] Cic., *Phil.*, 13, 15, 32. Cf. 8, 6, 18
[4] Cic., *Phil.*, 13, 16, 32.
[5] Cic., *Phil.*, 13, 18, 38. Cf. 13, 20, 45.
[6] App., *b. c.*, 3, 64. 75.
[7] Dio C., 46, 32.
[8] Cf. Cæs., *b. c.*, 1, 66.
[9] Cf. Nic. Dam., *Vit. Aug.*, 26. Cic., *Att.*, 14, 10, 2.
[10] Cic., *Phil.*, 10, 10, 22. 11, 5, 11. 12. 11, 14, 36. 12, 8, 20. 13, 2, 2. 13, 11, 26. 13, 20, 47. 14, 7, 21.
[11] App., *b. c.*, 3, 66. 72. Cf. Cic., *Phil.*, 12, 9, 23. *Fam.*, 9, 24, 1.
[12] Cic., *Phil.*, 10, 1, 1. 10, 11, 25. *Fam.*, 12, 5, 1. *Ad. Brut.*, 2, 7, 2.
[13] Dio C., 47, 20. Plut., *Brut.*, 24.
[14] Dio C., 47, 21. Cic., *Phil.*, 10, 6, 13.
[15] Cic., *Phil.*, 11, 12, 27.

Hortalus [1], et que ce dernier aurait dû livrer à C. Antoine [2], si le sénatus-consulte du 20 décembre n'était pas intervenu. P. Vatinius, qui était toujours gouverneur de l'Illyrie, lui avait amené à Dyrrachium [3] ses légions, sur lesquelles avait compté C. Antoine [4]. Il avait donc déjoué tous les plans de ce dernier [5], qui tenait cependant encore avec sept cohortes dans Apollonie [6], ville qui dépendait du gouvernement de l'Illyrie. Brutus avait de l'argent ; il en avait reçu du questeur d'Asie, M. Appuleius [7] et du questeur de Syrie, C. Antistius Vetus [8]. On discuta le rapport de Brutus au sénat, sous la présidence de C. Pansa [9], en février. Cicéron prononça alors sa dixième Philippique [10] : il demanda que M. Brutus fût chargé de défendre avec son armée la Macédoine, la Grèce et l'Illyrie, et de se rapprocher le plus près possible de l'Italie ; conformément au sénatus-consulte du 20 décembre, Q. Hortensius Hortalus, placé sous ses ordres, conserverait le gouvernement de la Macédoine jusqu'à ce que le sénat lui envoyât un successeur [11]. Q. Fufius Calenus, devenu le défenseur d'Antoine, demanda, au contraire, que l'on retirât à Brutus le commandement de ses légions [12]. La proposition de Cicéron devait blesser les vétérans de César [13] et Octave, qui ne pourrait supporter de voir ainsi honorer le meurtrier de son grand-oncle [14] ; elle fut cependant acceptée [15].

[1]) Cic., *Phil.*, 10, 6, 13.
[2]) Cic., *Phil.*, 10, 3, 6. 10, 5, 11. 10, 11, 24. Dio C., 47, 21. Plut., *Brut.*, 25. Vell., 2, 69.
[3]) Cic.. *Phil.*, 10, 6, 13. Liv., *ep.*, 118. Vell , 2, 69. Dio C., 47, 21. Plut., *Brut* , 25. App., *Illyr.*, 13. *b. c.*, 4, 75.
[4]) Cic., *Phil.*, 10, 5, 11.
[5]) Cic., *Phil.*, 10, 4, 9.
[6]) Cic., *Phil.*, 10, 6, 13. 11, 11, 26. Dio C., 47, 21. Plut., *Brut.*, 26. Cf. App., *b. c.*, 3, 79.
[7]) App., *b. c.*, 3, 63. 4, 75. Dio C., 47, 21. Cic., *Phil.*, 13, 16, 32. Cf. 10, 11, 24. Plut., *Brut.*, 24. Vell., 2, 62.
[8]) Cic., *ad Brut.*, 2, 3. 1, 11, 1. Vell., 2, 62. Plut., *Brut.*, 25. Cf. Cic., *Att.*, 14, 9, 3. Dio C., 47, 27.
[9]) Cic., *Phil.*, 10, 1, 1. 10, 11, 25.
[10]) Cic., *ad Brut.*, 2, 5, 4.
[11]) Cic., *Phil.*, 10, 11, 25.
[12]) Cic., *Phil.*, 10, 2, 4. 10, 3, 6.
[13]) Cic., *Phil.*, 10, 8, 15 et seq. 11, 14, 37.
[14]) Cf. Dio C.. 47, 22. Cic., *Phil.*, 11, 14, 36. Vell., 2, 65.
[15]) Cic., *Phil.*, 11, 11, 26. 13, 15, 30. 13, 16, 32. *ad Brut.*, 2, 6, 1. Dio

Au mois de mars[1], on apprit à Rome que C. Trébonius, gouverneur d'Asie, avait été assassiné. Il avait pris possession de son gouvernement au mois de juin 44[2], et avait toujours soutenu Brutus en Macédoine ; au moment où C. Cassius avait traversé l'Asie pour se rendre en Syrie, il lui avait procuré de l'argent et de la cavalerie[3]. Il fut assassiné[4] à Smyrne par Dolabella[5], qui se disposait à enlever la Syrie à C. Cassius[6] ; et, en passant, bien qu'il n'eût qu'une légion[7], voulut se rendre maître de l'Asie, à laquelle il n'avait aucun droit[8]. Au sénat, Q. Fufius Calénus profita de l'occasion pour se réhabiliter autant que possible auprès des ennemis d'Antoine. Il proposa de déclarer Dolabella ennemi public[9] ; la proposition fut acceptée à l'unanimité[10]. Le lendemain, on discuta le choix du général qui serait chargé d'aller le combattre[11] ; Cicéron voulut saisir l'occasion de faire pour C. Cassius[12] ce qu'il avait fait pour M. Brutus, et lui assurer une situation légale dans les provinces asiatiques ; il prononça la onzième Philippique[13] pour demander que Cassius, proconsul de Syrie, eût aussi la haute direction des affaires dans les provinces d'Asie et de

C., 47, 22. 46, 40. Vell., 2, 62. Plut., *Brut.*, 27. App., *Illyr.*, 13, *b. c.*, 3, 63. 4, 58. 75.

[1]) Cf. Cic., *Phil.*, 11, 11, 26. *Ad Brut.*, 2, 5, 1.

[2]) Cic., *Fam.*, 12, 16, 1. 4. Cf. 15, 20. 10, 28. *Phil.*, 13, 16, 33.

[3]) Dio C., 47, 26.

[4]) Cic., *Phil.*, 11, 1, 1. 11, 2, 5. 12, 10, 25. 13, 10, 22. *Fam.*, 12, 12, 1. 12, 14, 5. *Ad Brut.*, 2, 5, 1. 2, 3. Liv., *ep.*, 119. Vell., 2, 69. Oros., 6, 18. Dio C., 47, 29. App., *b. c.*, 3, 26. 4, 58. 60. L'assassinat eut lieu au mois de février, 43 : Cf. Cic., *Phil.*, 13, 10, 22.

[5]) A la fin de 44, Dolabella s'était arrêté quelque temps en Macédoine et en Grèce. Dio C., 47, 29. Cic., *ad Brut.*, 1, 11, 1.

[6]) Cic., *Fam.*, 12, 4, 2.

[7]) Cic., *Phil.*, 11, 7, 16.

[8]) Cic., *Phil.*, 11, 2, 4.

[9]) Cic., *Phil.*, 11, 6, 15.

[10]) Cic., *Phil.*, 11, 4, 9. 11, 12, 29. 13, 3, 5. 13, 10, 23. 13, 11, 25. 13, 17, 36. 13, 18, 39. *Fam.*, 12, 15, 2. Liv., *ep.*, 119. Oros., 6, 18. Dio C., 47, 29. Appien place ce vote beaucoup trop tôt : *b. c.*, 3, 61-62. 64. 4, 58.

[11]) Cic., *Phil.*, 11, 7, 16. Le Sénat était présidé par C. Pansa : Cic., *Phil.*, 11, 9, 22.

[12]) On ne savait pas à ce moment ce qu'était devenu C. Cassius : Cic., *Fam.*, 12, 4. 5. 6. 7. Cf. *ad Brut.*, 2, 2, 2. 2, 5, 3. 2, 6, 2.

[13]) Cic., *Fam.*, 12, 7, 1. *Ad Brut.*, 2, 4, 2.

Bithynie [1] ; sa demande fut rejetée [2]. On refusa aussi d'accorder à P. Servilius Isauricus un pouvoir proconsulaire extraordinaire, demandé par L. Cæsar, pour aller combattre Dolabella [3]. On décida, probablement sur le conseil de C. Pansa [4], très heureux de pouvoir espérer une des riches provinces de l'Orient, on décida qu'après avoir délivré D. Brutus, les deux consuls se partageraient les deux provinces d'Asie et de Syrie, et combattraient Dolabella [5]. Le résultat fut que C. Cassius voulut se maintenir à tout prix en Syrie [6] ; Cicéron expliqua sa manière de voir dans un discours qu'il prononça au sujet de C. Cassius, devant une assemblée convoquée par le tribun M. Servilius [7].

Autour de Modène, Hirtius et Octave n'avaient pas obtenu de grands avantages. Octave s'était avancé sur la voie Émilienne jusqu'à Forum Cornelii, Hirtius jusqu'à Claterna ; Antoine les arrêta en se maintenant dans Bologne et continua à tenir D. Brutus assiégé dans Modène [8]. La situation de ce dernier devint bientôt critique [9]. Un lieutenant de D. Brutus, qui défendait la Cisalpine, L. Pontius Aquila, chassa de Pollentia T. Munatius Plancus [10], qui avait embrassé le parti d'Antoine [11] ; mais ce fut un succès de peu d'importance. Alors L. Calpurnius Piso et Q. Fufius Calénus [12] résolurent [13] de tenter un nouvel effort pour amener une réconciliation. Ils trompèrent le sénat sur les véritables intentions d'Antoine ; le sénat, présidé et conseillé par Pansa [14], décida d'envoyer une

[1] Cic., *Phil.*, 11, 12, 29 et seq.

[2] Cic., *Fam.*, 12, 7, 1 (lettre écrite en 43, non en 44). *Ad Brut.*, 2, 4, 2. Liv. *ep.*. 121. Il anticipe sur les événements; aussi App., *b. c.*, 3, 63. 64. 78. 4, 58. 59. Dio C., 47, 28, se trompe.

[3] Cic., *Phil.*, 11, 8, 19. 11, 7, 17. 11, 10, 25.

[4] Cic., *Phil.*, 11, 10, 23. *Fam.*, 12, 7, 1. *Ad Brut.*, 2, 4, 2. Cf. 2, 6, 1.

[5] Cic., *Phil.*, 11, 9, 21. *Fam.*, 12, 14, 4. Dio C., 47, 29.

[6] Cic., *Phil.*, 11, 10, 25. Cf. 13, 15, 30.

[7] Cic., *Fam.*, 12, 7. Cf. 12, 14, 4.

[8] Cic., *Phil.*, 8, 2, 6. 10, 5, 10. *Fam.*, 12, 5, 2. Dio C., 46, 35.

[9] Cic., *Fam.*, 12, 6, 2. *Phil.*, 12, 2, 3. App., *b. c.*, 3, 65.

[10] Cic., *Phil.*, 11, 6, 14. 13, 12, 27. Dio C., 46, 38.

[11] Cic., *Phil.*, 6, 4, 10. 10, 10, 22. 12, 8, 20.

[12] Cic., *Phil.*, 12, 1, 3 et seq.

[13] Vers le mois de mars, peu de temps après le 23 février : Cic., *Phil.*, 12, 10, 24.

[14] Cic., *Phil.*, 12, 1, 2. 12, 2, 6. 12, 7, 15.

nouvelle ambassade composée de cinq consulaires[1] ; on ne leur donnerait pas d'instructions précises, mais ils ne pourraient rien conclure sans en référer au sénat[2] ; Cicéron ne fit pas d'opposition[3]. Les consulaires désignés furent P. Servilius Isauricus, L. Julius Cæsar, L. Calpurnius Piso, Q. Fufius Calénus et Cicéron[4] ; P. Servilius déclara aussitôt qu'il acceptait[5]. Cicéron ne refusa pas formellement[6] ; mais il expliqua, dans sa douzième Philippique, les raisons sérieuses qui l'empêchaient de partir, et déclara qu'il ne se trouvait avoir aucune des qualités exigées pour négocier une réconciliation[7]. L'ambassade resta à Rome[8].

On apprit que D. Brutus était sur le point de succomber[9] ; alors, après de longues hésitations[10], Pansa se décida à quitter Rome entre le 19[11] et le 29[12] mars pour aller rejoindre Hirtius et Octave[13]. Après son départ[14], le sénat discuta une lettre officielle de M. Æmilius Lépide, le gouverneur de l'Espagne ultérieure et de la Gaule Narbonaise ; dans cette lettre, arrivée avant le départ de Pansa[15], Lépide conseillait de faire la paix avec Antoine[16]. Lépide devait des obligations à Antoine, qui l'avait fait nommer grand pontife et lui avait fait voter des actions de grâce le 28 novembre. Lépide n'avait pas encore remercié le sénat[17] qui, le 3 janvier, sur la proposition de Cicéron, lui avait voté une statue équestre[18], pour le récom-

---

[1]) Cic., *Phil.*, 13, 17, 36.
[2]) Cic., *Phil.*, 12, 12, 28.
[3]) Cic., *Phil.*, 12, 2, 3.
[4]) Cic., *Phil.*, 12, 2, 5. 12, 7, 17.
[5]) Cic., *Phil.*, 12, 2, 5.
[6]) Cic., *Phil.*, 12, 10, 24. 12, 12, 30.
[7]) Cic., *Phil.*, 12, 7, 17 et seq.
[8]) Dio C., 46, 32. Cic., *Phil.*, 13, 21, 47.
[9]) Cic., *ad Brut.*, 2, 1, 1. 2, 2, 2.
[10]) Cic., *ad Brut.*, 2, 1, 1.
[11]) Cic., *Fam.*, 12, 25, 1.
[12]) Cic., *Fam.*, 10, 10, 1. Cf. 10, 12, 2. *Ad Brut.*, 2, 7, 2.
[13]) Dio C., 46, 33. App., *b. c.*, 3, 66.
[14]) Cic., *Phil.*, 13, 7, 16. 13, 10, 23. 13, 18, 39. 13, 20, 46.
[15]) Cic., *Fam.*, 10, 6, 1. 10, 27.
[16]) Cic., *Phil.*, 13, 4, 7. 13, 21, 49. Cf. *Fam.*, 11, 18, 2.
[17]) Cic., *Fam.*, 10, 27, 1.
[18]) Cic., *Phil.*, 5, 14, 39. 13, 4, 8. *Ad Brut.*, 1, 12, 1. 1, 15, 9. *Fam.*, 10, 34 b, 1. Cf. Dio C., 46, 51.

penser d'avoir négocié avec succès avec Sex. Pompée. Au sujet de sa lettre, on lui adressa, sur la proposition de P. Servilius, une réponse polie [1], bien qu'on le sût engagé dans le parti d'Antoine [2]; mais on connaissait sa légèreté [3], on espérait pouvoir le détacher [4]; enfin il avait sous ses ordres une puissante armée [5]; il fallait donc avoir pour lui des égards. Cicéron prononça à ce sujet sa treizième Philippique; il appuya la proposition de Servilius, mais profita de la circonstance pour remercier Sex. Pompée [6], qui résidait alors à Marseille [7] et était tout disposé à prendre parti pour le sénat [8]; il critiqua vivement une lettre d'Antoine adressée à Hirtius et à Octave, et contenant des menaces à l'adresse des meurtriers de César; dans cette lettre, Antoine parlait de Lépide et le considérait comme son allié [9]; Cicéron s'efforça de réveiller la colère du Sénat contre Antoine [10].

On reçut de meilleures nouvelles de L. Munatius Plancus; le gouverneur de la Gaule ultérieure, qui devait prendre le consulat en 42 avec D. Brutus, avait d'abord songé à faire la paix avec Antoine [11]; puis il écrivit pour annoncer qu'il était résolu à défendre le sénat [12], et pouvait opposer aux forces de Lépide des forces égales [13]. Le sénat ne s'attendait pas à une résolution aussi énergique et aussi spontanée [14] de la part de Plancus, caractère indécis [15], sur lequel avaient jusqu'alors

---

[1] Cic., *Phil.*, 13, 21, 50.

[2] Cf. Cic., *Fam.*, 10, 31, 4. 10, 32, 4. 10, 33, 2.

[3] Cic., *Fam.*, 11, 9, 1. 10, 23, 1. *Ad Brut.*, 2, 2, 1.

[4] Cic., *Fam.*, 10, 14, 2. 11, 18, 1. *Ad Brut.*, 1, 15, 9. Dio C., 46, 38.

[5] App., *b. c.*, 3, 46. Cic., *Phil.*, 13, 6, 14. *Fam.*, 11, 9, 1.

[6] Cf. Cic., *Phil.*, 13, 5. 13, 17, 34.

[7] App., *b. c.*, 4, 84.

[8] Cic., *Phil.*, 13, 6, 13. 13, 21, 50.

[9] Cic., *Phil.*, 13, 19, 43. Cf. *Fam.*, 11, 13, 3. Dio C., 46, 38. App., *b. c.*, 3, 72.

[10] Cic., *Phil.*, 13, 10, 22. 13, 21, 48.

[11] Cic., *Fam.*, 10, 6, 1. Cf. 10, 8, 1. 4. 10, 10, 1. 10, 9, 1.

[12] Cic., *Fam.*, 10, 8. 10, 7. 10, 12, 1. *Ad Brut.*, 2, 2, 1.

[13] Cic., *Fam.*, 10, 8, 6. 11, 13, 4. App., *b. c.*, 3, 46.

[14] Cic., *Fam*, 10, 12, 1.

[15] Cic., *Fam.*, 10, 3, 3. 11, 9, 2. Cf. Plut., *Brut.*, 19. Vell., 2, 63. Cic., *Att.*, 14, 10, 2. 15, 29, 1.

compté les deux partis[1] ; Cicéron, espérant le décider à
entraîner Lépide[2], s'empressa, dans la séance du 8 avril[3],
présidée par le préteur urbain, M. Cornutus[4], de proposer un
décret en l'honneur de Plancus. Un tribun, P. Titius, opposa
son intercession[5] ; la proposition ne fut votée que le lendemain, après une vive altercation Centreicéron et P. Servilius[6].

Le même jour, 9 avril, on eut enfin des nouvelles de
C. Cassius[7] ; elles furent fournies par une lettre du proquesteur
d'Asie, P. Lentulus Spinther[8], le fils du consul de 57 ; le
lendemain, une lettre de M. Brutus les confirma[9]. Pendant que son frère L. Cassius équipait une flotte[10], C.
Cassius, après avoir reçu de l'argent de Lentulus[11], s'était
rendu à Apamée, en Syrie[12] ; il avait trouvé le pompéien
Q. Cæcilius Bassus[13], assiégé là par les deux gouverneurs de
Syrie et de Bithynie, L. Statius Marcus et Q. Marcius Cris-
pus[14]. Au commencement de mars[15], comme Cicéron l'avait
prévu, Cassius força les deux gouverneurs à lui céder leurs
armées et leurs provinces ; il garda pour lui la Syrie, et
envoya L. Tillius Cimber en Bithynie[16]. Bassus fut aussi forcé

[1] Cic., *Fam.*, 10, 1. 2. 3. 4. 5. *Phil.*, 11, 15, 39. 13, 7, 16. 13, 19, 44.
Cf. Cic., *Fam.*, 10, 6, 2. 10, 33, 2. 11, 11, 1. App., *b. c.*, 3, 72.
[2] Cic., *Fam.*, 10, 8, 3. Cf. 10, 11, 3. 10, 33, 2.
[3] Cic., *Fam.*, 10, 12, 2.
[4] Cic., *Fam.*, 10, 12, 3. Cf. *Ad Brut.*, 2, 7, 3. *Phil.*, 14, 14, 37. *Fam.*,
10, 16, 1. Val. Max., 5, 2, 10.
[5] Cic., *Fam*, 10, 12, 3.
[6] Cic., *Fam.*, 10, 12, 4. 10, 11, 1. *Ad Brut.*, 2, 2, 3.
[7] Cic., *ad Brut.*, 2, 2, 3.
[8] Cf. App., *b. c.*, 2, 119. Plut., *Cæs.*, 67. Cic., *Fam.*, 12, 14, 6. *Att.*,
14, 11, 2.
[9] Cic., *ad Brut.*, 2, 5, 2. 2, 6, 2. Cf. 2, 4, 2. 2, 4. 1. Dans cette dernière il faut lire IV au lieu de VI.
[10] Cic., *Fam.*, 12, 13, 3.
[11] Cic., *Fam.*, 12, 14, 5.
[12] Dio C., 47, 26.
[13] Bassus s'était révolté en 45 ou au commencement de 44 contre C. Antistius Vetus : Cic., *Att.*, 14, 9, 3. Dio C., 47, 27. Jos., *Ant. jud.*, 14, 11, 1.
B. jud., 1, 10, 10.
[14] Dio C., 47, 27. App., *b. c.*, 3, 77. 4, 58. Cic., *Fam.*, 11, 1, 4. 12, 12,
3. *Att.*, 15, 13, 4. *Phil.*, 11, 12, 30. 11, 13, 32.
[15] Cic., *Fam.*, 12, 11, 1.
[16] Dio C., 47, 31. Cic., *Fam.*, 12, 13, 3. *Ad Brut.*, 1, 6, 3.

par ses soldats de remettre son armée entre les mains de Cassius ; enfin Cassius recueillit encore les quatre légions qui occupaient Alexandrie depuis la campagne de César en Égypte [1] ; un lieutenant de Dolabella [2], A. Alliénus, était venu les chercher pour les amener à ce dernier [3], mais elles avaient refusé de le suivre et s'étaient données à Cassius [4].

Le parti républicain se crut désormais maître de la situation ; peu de temps après le départ de Pansa [5], on apprit encore que M. Brutus avait fait prisonnier C. Antoine [6]. Dans le cas où D. Brutus succomberait à Modène, le parti républicain comptait sur M. Brutus et sur C. Cassius [7]; on ne comprit pas à Rome pourquoi M. Brutus hésitait à faire exécuter son prisonnier, C. Antoine [8].

Dans l'Italie septentrionale, Hirtius et Octave avaient occupé Bologne [9], où vint les rejoindre le consul Pansa; ils se rapprochèrent du camp d'Antoine devant Modène [10], et furent sur le point de l'envelopper [11]. Antoine marcha contre Pansa; il le battit à Forum Gallorum, mais fut lui-même battu par Hirtius devant Modène au moment où il rentrait dans son camp; Octave se distingua dans cette affaire à la défense du camp [12]. Quelques jours plus tard, entre le 20 [13] et le

---

[1]) Cic., *Att.*, 15, 13, 4. Dio C., 47, 28. App., *b. c.*, 3, 78. 4, 59.

[2]) Cic., *Phil.*, 11, 12, 30. 11, 13, 32. *Fam.*, 12, 12, 1. App., *b. c.*, 3, 78. 4, 59. 5, 8.

[3]) Cf. App., *b. c.*, 4, 61. 5, 8. Cic., *Fam.*, 12, 15, 2.

[4]) Cic., *Fam.*, 12, 11, 1. 12, 12, 1. 3. *Ad Brut.*, 2, 5, 3. Liv., *ep.*, 121. Vell., 2, 69. Dio C., 47, 28. App., *b. c.*, 3, 78. 4, 59. Jos., *Ant. jud.*, 14, 11, 2. *B. jud.*, 1, 11, 1.

[5]) Cic., *ad Brut.*, 2, 7, 2.

[6]) Cic., *ad Brut.*, 2, 7, 2. *Phil.*, 13, 16, 32. Liv., *ep.*, 118.

[7]) Cf. Cic., *ad Brut.*, 2, 1, 3. 1, 3, 2.

[8]) Cic., *Phil.*, 2, 7, 1. 3 et seq. Cf. *ad Brut.*, 2, 5, 2. 2, 4, 3. 1, 2, 3. 1, 3, 3.

[9]) Dio C., 46, 36.

[10]) App., *b. c.*, 3, 65. Dio C., 46, 37. Cic., *Phil.*, 13, 20, 46. Front., *Strat.*, 3, 13, 7. 3, 14, 3.

[11]) Cic., *Phil.*, 13, 11, 25. Cf. 13, 20, 45.

[12]) Cic., *Fam.*, 10, 30. 10, 33, 3. 11, 8. *Ad Brut.*, 1, 3, 4. *Phil.*, 14, 9, 26 et seq. 14, 14, 36 et seq. 14, 3, 6. Liv., *ep.*, 119. Suet., *Aug.*, 10. Oros., 6, 18. Front., *Strat.*, 2, 5, 39. Dio C., 46, 37. App., *b. c.*, 3, 67-70.

[13]) Cic., *Fam.*, 10, 30, 5.

27[1] avril, probablement le 21[2], il y eut une seconde bataille
sous les murs de Modène : D. Brutus fit une sortie[3]; Antoine
fut complètement battu, il dut lever le siège et s'enfuir en
n'emmenant que sa cavalerie[4]. Mais dans cette bataille suc-
combèrent L. Pontius Aquila et le consul Hirtius[5]; le lendemain ou le surlendemain, Pansa succomba aussi aux blessures
qu'il avait reçues à Forum Gallorum[6].

A Rome on attendait avec une impatience fiévreuse des
nouvelles du théâtre de la guerre[7]; on répandit d'abord le
bruit qu'Antoine était vainqueur[8]. Ses partisans voulurent
s'emparer du Capitole, des portes et du forum, et firent
annoncer que le 21 avril Cicéron prendrait les faisceaux pour
remplacer Pansa que l'on croyait déjà mort[9]. Le tribun
P. Appuleius réunit une assemblée le 20 avril[10] pour combattre cette calomnie lancée contre Cicéron[11]; enfin quelques
heures plus tard on eut des nouvelles certaines[12] : Antoine
avait été battu à Forum Gallorum. L'enthousiasme des républicains fut au comble; le peuple partagea leurs sentiments,
entraîna Cicéron au Capitole, puis le ramena au forum, où
Cicéron dut prendre la parole[13].

Le sénat reçut en même temps le rapport officiel des con-

---

[1]) Cic., *ad Brut.*, 1, 5, 1. Cf. avec *Fam.*, 11, 9, 1. 10, 9, 3. 10, 14, 1.
11, 13, 1. 2.

[2]) La date de la lettre *ad Brut.*, 1, 3, 4, doit avoir été falsifiée.

[3]) Cic., *Fam.*, 11, 14, 1. *Ad Brut.*, 1, 2, 2 (la date de cette lettre est
fausse). 1, 4, 1. Cf. Dio C., 46, 40.

[4]) Cic., *Fam.*, 10, 11, 1. 10, 14, 1. 10, 33, 1. 4. 11, 10, 3. 11, 12, 1. 11,
14, 1. *Ad Brut.*, 1, 2, 2. Liv., *ep.*, 119. Vell., 2, 61. Suet., *Aug.*, 10.
Oros., 6, 18. Front., *Strat.*, 1, 7, 5. Aur. Vict., *Vir. ill.*, 85. Dio C., 46,
38. App., *b. c.*, 3, 71. Plut., *Ant.*, 17.

[5]) Cic., *Fam.*, 10, 33, 4. 11, 13, 1. Liv., *ep.*, 119. Vell., 2, 61. Oros., 6,
18. Dio C., 46, 39. App., *b. c.*, 3, 71.

[6]) Cic., *Fam.*, 10, 33, 4. 11, 9, 1. 11, 13, 2. 12, 30, 6. Liv., *ep.*, 119.
Obseq., 69. Vell., 2, 61. Oros., 6, 18. Eutr., 7, 1. Dio C., 46, 39. App.,
b. c., 3, 69. 75. Le même App., *b. c.*, 3, 73, fait vivre Pansa trop longtemps.

[7]) Cic., *ad Brut.*, 1, 3, 2. *Phil.*, 14, 6, 15.

[8]) Cic., *Phil.*, 14, 4, 10. 14, 6, 15.

[9]) Cic., *Phil.*, 14, 5, 14.

[10]) Cf. Cic., *ad Brut.*, 1, 3, 2. *Phil.*, 14, 5, 12. 14.

[11]) Cic., *Phil.*, 14, 6, 16.

[12]) Cic., *Phil.*, 14, 6, 16.

[13]) Cic., *Phil.*, 14, 5, 12. *Ad Brut.*, 1, 3, 2.

suls et d'Octave sur la bataille [1], et le discuta dans la séance du 21 avril [2]. Cicéron prononça alors sa quatorzième Philippique : reprenant la proposition de P. Servilius en la modifiant [3], il demanda pour les trois chefs, désignés sous le titre d'*Imperatores* [4], cinquante jours d'actions de grâce [5] ; il demanda que l'on renouvelât les promesses faites aux soldats [6], qu'on élevât un monument à ceux qui avaient succombé, et que l'on remît à leurs héritiers la gratification d'argent et de terres auxquelles ils auraient eu droit [7]. Toutes ces propositions furent acceptées [8] : cette fois Antoine avait été réellement traité en ennemi de l'Etat, Cicéron le constata avec satisfaction [9].

Quand on connut la victoire de Modène et la mort des deux consuls, le sénat décréta à la date du 26 avril [10] qu'Antoine et tous ses partisans étaient des ennemis publics [11]. La proposition dut venir d'un des consulaires qui votaient avant Cicéron [12] ; mais ce fut Cicéron qui présenta les décrets sur les récompenses à donner aux vainqueurs. On décida que l'on quitterait le vêtement de guerre [13] pour fêter la délivrance de D. Brutus ; quelques césariens combattirent cette proposition [14] ; le nom de D. Brutus serait inscrit sur le calendrier à la date de la victoire de Modène [15] ; on lui vota cinquante jours

[1]) Sur la bataille de Forum Gallorum : Cic., *Phil.*, 14, 1, 1. 14, 2, 6. 14 8, 22. App., *b. c.*, 3, 73 se trompe en disant que Pansa rédigea aussi le rapport sur la seconde bataille.
[2]) Cic., *Phil.*, 14, 5, 14.
[3]) Cic., *Phil.*, 14, 4, 11. 14, 3, 7. 14, 8, 23.
[4]) Cic., *Phil.*, 14, 4, 11 et seq. 14, 9, 24 et seq.
[5]) Cic., *Phil.*, 14, 11, 29. 14, 14, 36. Cf. 14, 4, 11.
[6]) Cic., *Phil.*, 14, 11, 29. 14, 14, 38.
[7]) Cic., *Phil.*, 14, 11, 31 et seq. 14, 14, 38. Cf. Dio C., 46, 40.
[8]) Dio C., 46, 38.
[9]) Cic., *Phil.*, 14, 3, 6 et seq. 14, 8, 22.
[10]) Cette date est fournie par Cic., *ad Brut.*, 1, 5, 1.
[11]) Cic., *ad Brut.*, 1, 3, 4. 1, 5, 1. *Fam.*, 10, 21, 4. Liv., *ep.*, 119. Corn. Nep., *Att.*, 9. Gell., 15, 4, 3. Dio C., 46, 39.
[12]) Cf. App., *b. c.*, 4, 12. 37.
[13]) Dio C., 46, 39. Cf. Cic., *Phil.*, 14, 1, 1 et seq.
[14]) Cic., *Fam.*, 11, 10, 1.
[15]) Cic., *ad Brut.*, 1, 15, 8.

d'actions de grâce[1], on l'autorisa à rentrer dans Rome en
triomphateur[2]. Les consuls et L. Pontius Aquila eurent des
statues ; on décida que les consuls seraient ensevelis au
Champ de Mars[3]. Les soldats devaient recevoir immédiatement les gratifications en argent qui leur avaient été promises, mais on excepta une partie des troupes d'Octave[4].
Octave ne reçut d'autre distinction que celle de rentrer dans
Rome avec l'ovation[5].

Dans l'ivresse de son triomphe, Cicéron, maître de la déma-
gogie[6], ne comprit pas qu'Octave ne serait pas satisfait de
cette distinction[7] ; il ne vit pas surtout qu'en la comparant
avec les honneurs que l'on prodiguait à D. Brutus, Octave
pourrait faire de tristes réflexions. Octave dut être encore
plus inquiet des résolutions prises le lendemain 27 avril[8].
D. Brutus fut chargé de poursuivre Antoine[9], et, sans égard
pour Octave, on donna au même Brutus le commandement
de l'armée des consuls[10]. On décida encore que Lépide et
L. Plancus entreraient en Italie pour achever la destruction
de l'armée d'Antoine[11] ; mais le parti victorieux trahit mala-
droitement ses préférences pour le parti de Pompée[12], en
remettant le commandement de la flotte à Sex. Pompée[13].
Enfin quand le sénat eut reçu un rapport officiel de L. Cassius
daté du 7 mars[14] sur les faits que nous avons mentionnés

[1] App., *b. c.*, 3, 74. Dio C., 46, 39. Cf. Cic., *Fam.*, 11, 18, 3.
[2] Liv., *ep.*, 119. Vell., 2, 62. Dio C., 46, 40.
[3] Cic., *ad Brut.*, 1, 15, 8. Liv., *ep.*, 119. Vell., 2, 62. Val. Max., 5, 2, 10. Dio C., 46, 40.
[4] Dio C., 46, 40. App., *b. c.*, 3, 74. 86. Liv., *ep.*, 119. Vell., 2, 62.
[5] Cic., *ad Brut.*, 1, 15, 9. Cf. 1, 4, 4.
[6] App., *b. c.*, 4, 19.
[7] Cic., *ad Brut.*, 1, 17, 4.
[8] Cic., *ad Brut.*, 1, 5, 1.
[9] Liv., *ep.*, 120. Cf. Cic., *Fam.*, 11, 11, 1.
[10] App., *b. c.*, 3, 74. 76. 80. Dio C., 46, 40. 47. 50. Cf. Cic., *Fam.*, 11, 14, 2.
[11] Cic., *Fam.*, 10, 33, 1. App., *b. c.*, 3, 74 n'est pas tout à fait exact ; Dio C., 46, 29 place ces décrets trop tôt. Cf. 46, 50. 51.
[12] Vell., 2, 62. 65. App., *b. c.*, 3, 75. 81.
[13] Vell., 2, 73. Dio C., 46, 40. 48, 17. App., *b. c.*, 4, 70. 84. 94. 96 ; mais App. se trompe de date, *b. c.*, 3, 4.
[14] Cic., *Fam.*, 12, 11. 12, 12, 1.

plus haut, il fit pour lui ce qu'il avait fait pour M. Brutus ; on ne craignit pas de blesser Octave en reprenant l'ancienne proposition de Cicéron et de P. Servilius. C. Cassius fut chargé de combattre Dolabella [1] ; reconnu comme gouverneur de Syrie, il devait avoir la haute main sur toutes les provinces d'Asie dont les gouverneurs lui seraient subordonnés [2].

La république paraissait sauvée ; elle était plus en danger que jamais, parce qu'on n'avait pas su prendre de précautions contre l'hypocrite Octave qui avait trompé tout le monde en cachant ses véritables sentiments.

[1]) Dolabella avait envoyé un rapport le 13 avril, mais le Sénat n'avait pas voulu le recevoir : Cic., *ad Brut.*, 2, 7, 3.

[2]) Cic., *ad Brut.*, 1, 5, 1. Dio C., 47, 28. 29. Liv., *ep.*, 121. App. ne respecte pas les dates, *b. c.*, 3, 63. 78. Vell., 2, 62. 73. Dio C.. 46, 40 et App., *b. c.*, 4, 58. 70. 94 respectent l'ordre des dates, mais ont tort de rattacher cette décision à celle qui fut prise en faveur de M. Brutus.

CHAPITRE VINGT-SEPTIÈME

Ce fut un grand malheur pour le parti républicain de perdre les deux consuls au moment même où il triomphait d'Antoine[1]. Octave exploita la circonstance pour affermir sa situation : on répandit même le bruit qu'il avait hâté la mort de Pansa[2]. D'autre part en méditant les résolutions prises par le sénat depuis le mois de février, Octave s'était convaincu d'une chose : il arriverait plus facilement à satisfaire son ambition et à punir les meurtriers de son oncle en s'unissant avec Antoine, resté fidèle aux idées césariennes et ennemi du sénat, qu'en s'appuyant sur ce même sénat dont la majorité était alors ouvertement pompéienne[3]. Antoine d'ailleurs était assez affaibli pour prêter l'oreille aux propositions d'alliance avec Octave. Afin de préparer cette alliance, Octave se garda bien de poursuivre Antoine, comme il aurait dû le faire[4], quand ce dernier traversa l'Apennin pour gagner l'Étrurie[5] ; puis il commença la lutte contre le sénat : il se plaignit de ce que les envoyés du sénat avaient voulu communiquer directement aux soldats, sans l'intermédiaire de leurs chefs, les résolutions votées à Rome[6] ; les soldats, qui aimaient leur chef,

---

[1]) Cic., *Fam.*, 10, 17, 2. 11, 9, 1. 11, 10, 2. 12, 15 A, 6. 12, 30, 4.

[2]) Suet., *Aug.*, 11. Tac., *Ann.*, 1, 10. Cic., *ad Brut.*, 1, 6, 2. Dio C., 46, 39.

[3]) App., *b. c.*, 3, 75 et seq. Cf. 3, 39. 73. Dio C., 46, 34. 39.

[4]) Cic., *ad Brut.*, 1, 3, 4.

[5]) Cic., *Fam.*, 11, 10, 4. 11, 12, 2. 10, 24, 6.

[6]) Dio C., 46, 41. Vell., 2. 62. Cf. Plut., *Cic.*, 45. App., *b. c.*, 3, 86 fait une erreur de date. Il place ce fait beaucoup trop tard.

avaient eux-mêmes protesté contre ce procédé, et n'étaient pas du reste satisfaits des résolutions du sénat ; Octave demanda donc que l'on accordât à son armée les mêmes avantages qu'aux soldats de D. Brutus ; enfin il fit savoir que l'ovation votée par le sénat ne lui suffisait pas, il voulait le triomphe[1].

Retenu par une conférence qu'il eut avec Octave[2], et par une visite qu'il voulut faire à Bologne au malheureux Pansa[3], D. Brutus, qui était animé des meilleures intentions[4], laissa passer le moment favorable pour arrêter Antoine dans sa fuite[5] ; du reste ses troupes étaient épuisées, et il lui fallut du temps pour décider les légions de Pansa à le suivre[6] et à rétablir son autorité dans sa propre armée[7]. Antoine put ainsi arriver sans encombre en Étrurie ; il groupa autour de lui les esclaves qu'il fit sortir de leurs ergastula, et reforma une armée assez nombreuse[8] ; à Vada il fut rejoint par P. Ventidius[9] qui lui amena trois légions du Picenum[10] ; Octave s'était bien gardé d'arrêter Ventidius au passage de l'Apennin[11]. Antoine résolut alors de traverser la Ligurie pour se rendre dans la Narbonnaise[12] et rejoindre Lépide[13]. Il comptait toujours sur ce dernier : devant Modène un lieutenant de Lépide, M. Junius Silanus[14], était venu le soutenir, sans en

---

[1]) App., *b. c.*, 3, 80. 82. Cic., *ad Brut.*, 1, 17, 2. Dio C. a dit à tort qu'il demanda dès ce moment le consulat : 46, 39. 41.

[2]) Cic., *Fam.*, 11, 13, 1. App., *b. c.*, 3, 73.

[3]) Pansa mourut à ce moment, avant l'arrivée à Bologne de D. Brutus, Cic., *Fam.*, 11, 13, 2.

[4]) Cic., *Fam.*, 11, 9, 1. *Ad Brut.*, 1, 3, 4.

[5]) Cic., *Fam.*, 11, 12, 2. *Ad Brut.*, 1, 10, 2. 1, 18, 2.

[6]) App., *b. c.*, 3, 76.

[7]) Cic., *Fam.*, 11, 10, 5. 11, 13, 2. App., *b. c.*, 3, 81. Dio C., 46, 51 donne encore un autre motif.

[8]) Cic., *Fam.*, 11, 10, 3. 11, 12, 2. 11, 13, 2.

[9]) Cic., *Fam.*, 11, 9, 1. *Phil.*, 13, 20, 47. 14, 7, 21.

[10]) Cic., *Fam.*, 11, 10, 3. 11, 13, 3. 10, 33, 4. 10, 34, 1. App., *b. c.*, 3, 84.

[11]) App., *b. c.*, 3, 80.

[12]) Cic., *Fam.*, 10, 11, 2. 11, 10, 4. 11, 11, 1. 11, 13, 3.

[13]) Il avait déjà commencé à négocier avec Lépide : Cic., *Fam.*, 11, 11, 1. 10, 23, 5.

[14]) Cf. Cæs., *B. G.*, 6, 1.

avoir cependant reçu l'ordre formel de Lépide[1]. Antoine se croyait maintenant assez fort, pour lutter contre les quatre légions de L. Plancus[2], qu'il cherchait d'ailleurs à entraîner dans son parti[3].

L. Plancus resta fidèle au sénat, parce qu'il était désigné avec D. Brutus pour le consulat de 42[4] ; il chercha à maintenir Lépide dans les mêmes dispositions à l'égard du sénat ; on se rappela que le sénatus-consulte du 27 avril (plus haut, page 601) les avait chargés tous deux d'agir de concert contre Antoine. Il envoya donc auprès de Lépide son lieutenant C. Furnius[5], son frère Cn. Munatius Plancus[6] et L. Gellius[7] ; un lieutenant de Lépide, M. Juventius Laterensis, défendit énergiquement auprès de son général les propositions apportées par les trois députés de Plancus[8]. Plancus avait passé le Rhône le 26 avril[9] ; quand il connut la victoire de Modène, il s'arrêta dans le pays des Allobroges[10]. Il apprit bientôt que L. Antoine était arrivé à Fréjus (Forum Julii) avec la cavalerie[11], et que M. Antoine le suivait sans être nullement inquiété au passage des Alpes[12] par le lieutenant de Lépide, Q. Térentius Culleo[13] ; le 11 mai il envoya son frère en avant, et passa l'Isère le 12[14] ; puis il s'arrêta et ne se remit en marche que le 21 ; il espérait pouvoir rejoindre dans huit jours[15]

---

[1] Cic., *Fam.*, 10, 34, 2. 10, 30, 1. Dio C., 46, 38. 50. 51.

[2] Cic., *Fam.*, 11, 13, 4.

[3] Cic., *Fam.*, 11, 11, 1.

[4] Cf. Dio C., 46, 53.

[5] Cic., *Fam.*, 10, 11, 3. Cf. 10, 1, 4. 10, 3, 1. 10, 6, 1. 10, 8, 5. 10, 10, 1. 10, 25. 10, 26.

[6] Cic., *Fam.*, 10, 11, 3. Cn. Munatius Plancus était préteur : Cf. Cic., *Att.*, 16, 16 A. B, E.; il n'en était pas moins à l'armée de son frère en Gaule : Cic., *Fam.*, 10, 17, 2. 10, 21, 7. Cf. 10, 6, 1. 10, 22, 2.

[7] Cic., *Fam.*, 10, 17, 3.

[8] Cic., *Fam.*, 10, 11, 3. 10, 15, 1. 2. 10, 18, 2. 10, 21, 1. 3. *Phil.*, 16, *Frag.*, apud Arus. Mess. p. 225 (Lind.). App., *b. c.*, 3, 84. Dio C., 46, 51.

[9] Cic., *Fam.*, 10, 9, 3.

[10] Cic., *Fam.*, 10, 11, 2.

[11] Cic., *Fam.*, 10, 15, 3. 10, 33, 4. 10, 34, 1.

[12] Plut., *Ant.*, 17.

[13] App., *b. c.*, 3, 83. Cf. Cic., *Fam.*, 10, 34 A, 2.

[14] Cic., *Fam.*, 10, 15, 3.

[15] Cic., *Fam.*, 10, 18, 4. 10, 23, 2. Cf. App., *b. c.*, 3, 81.

Lépide qui était à Forum Voconii[1]. Le sénat, pour maintenir Plancus dans ses bonnes dispositions[2], l'avait félicité d'avoir franchi le Rhône et l'Isère[3] et essayé de gagner Lépide[4].

Lépide, qui n'était pas encore fixé sur le parti qu'il prendrait[5], n'avait consenti que pour la forme à négocier avec Plancus[6]; il trompa Cicéron et le sénat, qui crurent pouvoir compter sur lui[7], par des démonstrations hypocrites de loyauté[8]; quand Plancus fut sur le point de se joindre à lui, il le pria de s'éloigner[9], en disant qu'il se chargeait d'en finir avec Antoine[10]. Le 29 mai[11] il s'arrangea de telle sorte que son armée parut se révolter, elle était très indisciplinée[12], et le força à discontinuer les attaques contre Antoine, qui était arrivé à Fréjus dès le 15 mai[13], et à se joindre à lui[14]. M. Juventius Laterensis se tua de désespoir[15]. Plancus avait continué sa marche malgré les ordres de Lépide[16]; quand il apprit la jonction de Lépide et d'Antoine, il s'arrêta[17], puis remonta vers le nord; il franchit de nouveau l'Isère le 4 juin[18] pour rejoindre D. Brutus, qui venait d'Italie; ce dernier n'avait pas pu obtenir la légion Martia et la quatrième que

---

1) Cic., *Fam.*, 10, 17, 1. 10, 34, 1.
2) Cf. Cic., *Fam.*, 11, 9, 2.
3) Cic., *Fam.*, 10, 13, 1. Cf. *ad Brut.*, 1, 15, 9.
4) Cic., *Fam.*, 10, 16, 1. 10, 19, 1.
5) Cic., *Fam.*, 11, 9, 1 et seq. *Ad Brut.*, 1, 10, 2.
6) Cic., *Fam.*, 11, 14, 3. 10, 33, 2.
7) Cic., *Fam.*, 10, 14, 2. 10, 20, 1. 11, 18, 2. 11, 23, 1. 11, 24, 1.
8) Cic., *Fam.*, 10, 34 A. 10, 34 B. 10, 16, 1. *Ad Brut.*, 1, 12, 1. Dio C. 46, 51.
9) Il lui avait pourtant donné l'ordre de marcher à sa rencontre : Cic., *Fam.*, 10, 17, 1. 10, 18, 2. 10, 21, 1.
10) Cic., *Fam.*, 10, 21, 2.
11) Cic., *Fam.*, 10, 23, 2. 10, 35.
12) Cic., *Fam.*, 10, 11, 2. 10, 15, 3. 10, 18, 2. 10, 21, 4.
13) Cic., *Fam.*, 10, 17, 1. 10, 34 A, 1. App., *b. c.*, 3, 83.
14) App., *b. c.*, 3, 84. Plut., *Ant.*, 18. Liv., *ep.*, 119. Vell., 2, 63. Suet., *Aug.*, 12. Eutrop., 7, 2. Cf. Cic., *Fam.*, 12, 8, 1. 12, 9, 2. 12, 10, 3. *Ad Brut.*, 1, 10, 2. 1, 12, 1. Dio C., 46, 51.
15) Cic., *Fam.*, 10, 21, 3. 10, 23, 4. Vell., 2, 63. Dio C., 46, 51.
16) Cic., *Fam.*, 10, 21, 2. 10, 23, 2.
17) Cic., *Fam.*, 10, 21, 6.
18) Cic., *Fam.*, 10, 23, 3.

devait lui livrer Octave[1]; il avait quitté Modène l'esprit troublé par les plus sombres pressentiments[2]; après avoir traversé Regium Lepidum, Parma, Dertona, Aquæ Statiellæ, Pollentia, Vercellæ, il avait gagné Eporedia (Ivrée)[3]; il franchit les Alpes et se réunit à Plancus sur les bords de l'Isère[4].

L'union de Lépide et d'Antoine jeta le sénat dans la consternation. Il ne pouvait plus guère compter sur Octave ; car il lui avait refusé le triomphe[5], croyant pouvoir le satisfaire en lui accordant des distinctions purement honorifiques[6], probablement le droit de porter les insignes consulaires (*ornamenta consularia*) et de prendre place au sénat parmi les consulaires[7]. Non seulement Octave avait négligé de poursuivre Antoine, mais il avait donné des preuves évidentes qu'il ne le considérait plus comme un ennemi avec lequel il ne pouvait se réconcilier[8]. On pouvait supposer qu'il n'avait pas été étranger à la résolution prise par Lépide[9]. Cicéron lui-même comprit qu'il devenait difficile de dominer ce jeune homme dont il avait garanti la conduite et les intentions le 1er janvier[10] (plus haut, page 585). Il remarqua que son zèle en faveur d'Octave avait affaibli son influence sur le sénat[11], et aussi que ses paroles avaient été interprétées de manière à le desservir auprès d'Octave[12]. En outre, les soldats d'Octave ne furent pas satisfaits[13] d'une décision du sénat portant que les décemvirs (*decemviri agrarii*) seraient chargés de leur distribuer des

---

[1]) Cic., *Fam.*, 11, 14, 2. 11, 19, 1. 11, 20, 4. Cf. App., *b. c.*, 3, 76. 86.

[2]) Cic., *Fam.*, 11, 18.

[3]) Cic., *Fam.*, 11, 9, 2. 11, 10, 5. 11, 11, 2. 11, 13, 4. 11, 19, 2. 11, 20, 4. 11, 23, 2.

[4]) Cic., *Fam.*, 10, 18, 4. 10, 22, 1. 10, 26, 1. 11, 15, 1. *Ad Brut.*, 1, 14, 2.

[5]) App., *b. c.*, 3, 89.

[6]) Cic., *Fam.*, 11, 14, 1.

[7]) Dio C., 46, 41. 46. Cf. Liv., *ep.*, 118. *Mon. Anc.*, 1, 3. App., *b. c.*, 3, 51.

[8]) App., *b. c.*, 3, 80. Dio C., 46, 41. Suet., *Aug.*, 12.

[9]) App., *b. c.*, 3, 81. Cf. Dio C., 46, 51. 52. Liv., *ep.*, 119.

[10]) Cic., *ad Brut.*, 1, 3, 1.

[11]) Cic., *Fam.*, 11, 14, 1. *Ad Brut.*, 1, 10, 1.

[12]) Cic., *Fam.*, 11, 20, 1. 11, 21, 1. 11, 23, 2. Vell., 2, 62. Suet., *Aug.*, 12. Dio C., 46, 41.

[13]) Cf. Cic., *ad Brut.*, 1, 10, 5. 1, 14, 2.

lots de terre [1] en vertu de la loi Vibia [2] ; les soldats se plaignirent de ce qu'Octave et D. Brutus avaient été exclus de la commission des décemvirs [3].

Il fallut prendre des mesures de précaution contre Lépide ; le sénat décida que le gouverneur d'Afrique, Q. Cornificius [4], prendrait provisoirement le gouvernement de l'Afrique nouvelle (*Africa nova*), et enverrait en Italie [5] deux des légions du gouverneur actuel T. Sextius [6]. On invita aussi C. Asinius Pollio à revenir de l'Espagne Ultérieure avec toute son armée [7] ; Pollio venait d'écrire aux consuls, à Octave et à Cicéron le 16 mars [8], ou plutôt le 15 avril [9] pour se mettre à la disposition du sénat [10] ; malgré ses anciennes relations avec César, Pollio détestait sincèrement la tyrannie [11] ; mais il était exposé aux sollicitations de Lépide, d'Antoine et même d'Octave [12], et c'était encore une des raisons pour lesquelles on le rappelait. Il fallait beaucoup de temps pour faire venir ces légions d'Afrique et d'Espagne ; pour le moment on ne pouvait opposer à Lépide et à Antoine que l'armée de D. Brutus et de L. Plancus ; eux seuls dans cette nouvelle guerre civile pouvaient prendre immédiatement la défense de la répu-

---

[1]) Cic., *Fam* , 11, 14, 1. 11, 20, 1. 3. 11, 21, 2. 5. Cf. App., *b. c.*, 3, 82. 85. 86. App. n'a pas compris la raison pour laquelle cette commission fut établie.

[2]) La loi Vibia (plus haut, page 590) avait remplacé la loi Antonia Agraria supprimée (plus haut, page 588).

[3]) Cic., *Fam.*, 11, 20, 1. 11, 21, 2. App., *b. c.*, 3, 86. 89.

[4]) Q. Cornificius s'était maintenu en Afrique. (Cic., *Fam.*, 12, 25, 1. 12, 28, 1. 12, 30, 7. Cf. 12, 22. 24. 25 A. 26. 29.) contre le lieutenant de son successeur, C. Calvisius Sabinus, nommé par Antoine le 28 novembre 44 (Cic., *Phil.*, 3, 10, 26.) Calvisius était un césarien bien connu. (Cf. Cæs., *b. c.*, 3, 34. Dio C., 41, 51. Nic. Dam., *Vit. Aug.*, 26.) Avant le départ de Pansa, le Sénat lui avait voté des remerciements par un sénatus-consulte du 19 mars. (Cic., *Fam.*, 12, 25, 1. 12, 28, 2.)

[5]) Cic., *Fam.*, 11, 14, 2. 11, 26. 10, 24, 4. 8. App., *b. c.*, 3, 85.

[6]) Le sénat avait déjà remplacé T. Sextius (Cic., *Phil.*, 13, 15, 30) par Sex. Quintilius Varus. (Cæs., *b. c.*, 1, 23. 2, 28).

[7]) App., *b. c.*, 3, 74. Cf. Cic., *Fam.*, 10, 33, 1.

[8]) Cic., *Fam.*, 10, 31, 6.

[9]) Cic., *Fam.*, 10, 31, 1. Cf. 10, 33, 3.

[10]) Cic., *Fam.*, 10, 31, 5 et seq. Cf. 10, 32, 5. 10, 33, 3.

[11]) Cic., *Fam.*, 10, 31, 3. Cf. 11, 9, 1.

[12]) Cic., *Fam.*, 10, 31, 5. 10, 32, 4. 11, 11, 1. App., *b. c.*, 3, 81.

blique[1]. Or ces deux chefs n'étaient pas de taille à se mesurer avec leurs terribles adversaires[2].

Voilà pourquoi le sénat n'osa pas prendre de résolution définitive à l'égard de Lépide ; Lépide d'ailleurs avait de nombreux partisans dans le sénat ; naturellement les Césariens le soutenaient, mais aussi beaucoup de républicains : il avait épousé la sœur de M. Brutus[3]. Le sénat se contenta de voter des honneurs à M. Juventius Laterensis : ses funérailles seraient faites aux frais du trésor et on lui élèverait une statue[4]. Quant à Lépide, qui protestait toujours de sa loyauté[5], on le chargea de s'entendre avec L. Plancus pour installer à Lyon les bannis qui venaient d'être chassés de Vienne[6] ; on espérait ainsi le tenir éloigné de l'Italie. Plancus seul s'occupa de faire exécuter ce décret[7]. Il fallait contenir Octave et l'empêcher de devenir dangereux en paraissant le traiter avec égard ; on le chargea de défendre l'Italie contre Antoine[8]. Les républicains étaient décidés à pousser les hostilités avec la plus grande énergie ; le sénat décida — mais il y eut intercession[9] — que M. Brutus[10], C. Cassius et Sex. Pompée devraient se rendre immédiatement en Italie[11]. A la même époque on dut voter aussi un impôt sous forme de

---

[1]) Cic., *Fam.*, 12, 30, 2. 12, 8, 1. 12, 9, 2. 12, 10, 1. 11, 25, 1.

[2]) Cic., *Fam.*, 10, 23, 6. 11, 26. 12, 10, 3. *Ad Brut.*, 1, 10, 2. 1, 14, 2.

[3]) Cic., *ad Brut.*, 1, 13. 1, 12. 1, 18, 2.

[4]) Dio C., 46, 51.

[5]) Cic., *Fam.*, 10, 35.

[6]) Dio C., 46, 50.

[7]) Orell., *Inscrip.*, 590.

[8]) Cf. Cic., *Fam.*, 11, 14, 2. 10, 23, 6 avec App., *b. c.*, 3, 85, et aussi avec Dio C., 46, 42. 51. Dio C. commet une erreur de date et rapporte deux fois le même fait.

[9]) La décision du sénat ne fut enregistrée que comme *auctoritas* : Cic., *ad Brut.*, 1, 10, 1. Cf. App., *b. c.*, 3, 85 κρύφα.

[10]) M. Brutus était toujours en Macédoine (Cic., *ad Brut.*, 2, 5, 5. 2, 6, 1. 1, 2. 4. 6. 7. 11. 13. *Fam.*, 12, 14, 1. 8. 12, 15, 1. Liv., *ep.*, 120.) ; le 27 avril on lui avait demandé s'il voulait aider Cassius à poursuivre Dolabella (Cic., *ad Brut.*, 1, 2, 4. 1, 5, 1. Cf. *Phil.*, 11, 9, 26.).

[11]) Cic., *Fam.*, 11, 14, 2. 11, 26. 11, 25, 2. 12, 8, 1. 12, 9, 2. 12, 10, 1 et seq. *Ad Brut.*, 1, 9, 3. 1, 10, 1. 5. 1, 12, 2. 1, 15, 12. 1, 14, 2. 1, 18, 1. 5. App., *b. c.*, 3, 85. Dio C. fait encore une erreur de date, il place cette décision trop tard : 46, 51. Cf. 47, 22.

tribut[1], pour permettre de payer aux soldats leurs gratifications et leur solde : la pénurie du trésor était devenue extrême[2]. Le 6 juin, avant que l'on apprît à Rome la nouvelle de la jonction de Lépide avec Antoine, on avait déjà envoyé de l'argent à D. Brutus[3]. On discuta aussi une demande de L. Plancus sollicitant des lots de terre pour son armée, dont la fidélité n'était pas assurée[4]; on n'arriva à aucun résultat[5].

Une chose rendait la situation du sénat plus critique encore en présence de ses ennemis Antoine et Lépide : en vertu de la constitution, il était devenu impossible de procéder légalement à la nomination de consuls *suffecti* : c'était de triste augure pour l'avenir de la République. On pensait depuis longtemps à cette élection[6], on comptait que les nouveaux consuls pourraient procéder en août à l'élection des préteurs pour l'année suivante[7]. Mais comment procéder à la nomination des consuls? d'abord les compétitions des candidats pompéiens[8] rendaient l'opération dangereuse ; on ne pouvait plus nommer de dictateur pour présider les comices, comme on l'avait fait en nommant César en 49 : la dictature avait été abolie; restait la ressource de l'interrègne, mais pour qu'il y eût interrègne, il fallait exiger leur démission de tous les magistrats patriciens; or quelques-uns étaient absents, d'autres refusèrent de se démettre[9]. Les élections furent donc provisoirement ajournées[10]. On répandit bientôt dans le peuple la nouvelle que Cicéron voulait être consul[11]; on ajouta qu'Octave lui aussi y pensait[12], et qu'il pourrait bien se faire nommer en même temps que Cicéron[13]. En réalité Octave

[1] Cic., *Fam.*, 12, 30, 4. *Ad Brut.*, 1, 18, 5.
[2] Cf. App., *b. c.*, 3, 66. Dio C., 46, 31.
[3] Cic., *Fam.*, 11, 24, 2. Cf. 11, 20, 3.
[4] Cic., *Fam.*, 10, 8, 3.
[5] Cic., *Fam.*, 10, 22, 2. 10, 24, 2.
[6] App., *b. c.*, 3, 82.
[7] Cic., *Fam.*, 10, 25. 26. *Ad Brut.*, 1, 5, 4. Cf. 1, 11.
[8] Cic., *Fam.*, 11, 10, 2. App., *b. c.*, 3, 82.
[9] Cic., *ad Brut.*, 1, 5, 4. Cf. Dio C., 46, 45.
[10] App., *b. c.*, 3, 83. 85. Cf. Cic., *Fam.*, 11, 26, 3.
[11] Cic., *ad Brut.*, 1, 4, 6.
[12] Cic., *ad Brut.*, 1, 4, 4.
[13] App., *b. c.*, 3, 82. Dio C., 46, 42. Plut., *Cic.*, 45 et seq.

n'était pas satisfait ; le droit de porter les ornements consulaires, le commandement des armées destinées à combattre
Antoine[1], n'avaient pas satisfait son ambition[2] ; il déclara
d'abord en secret, puis publiquement, qu'il voulait le consulat[3].
Bien des raisons avaient décidé Octave à demander cette
haute magistrature : il ne savait pas encore quelle serait
l'attitude d'Antoine et de Lépide à son égard ; il ne voulait
pas agir de concert avec D. Brutus ; consul, il aurait des pouvoirs égaux à ceux d'Antoine, pourrait négocier et combattre
sur le pied d'égalité[4]. Au sénat personne ne voulut appuyer la
demande d'Octave ; Cicéron fit tous ses efforts pour l'amener
à abandonner son projet[5]. La candidature d'Octave ne fut pas
abandonnée ; le peuple la soutint, il se forma un parti nombreux pour la soutenir[6]. Le sénat décida qu'Octave devait
d'abord briguer la préture[7] : il modifiait donc, à l'avantage
d'Octave, le privilège qu'il lui avait accordé précédemment
(page 585) de poser sa candidature aux magistratures républicaines dans des conditions exceptionnelles.

Les choses en restèrent là ; le 30 juin[8], sur l'initiative de
Cicéron[9], le sénat revint aux mesures énergiques : Lépide
fut déclaré ennemi public[10], les sénateurs revêtirent le vêtement de guerre (*sagum*)[11]. La statue de Lépide fut renversée,
ses biens confisqués[12] et on dut reproduire le décret par lequel

---

[1]) App., *b. c.*, 3, 86.
[2]) Cic., *ad Brut.*, 1, 17, 1.
[3]) Cic., *ad Brut.*, 1, 10, 3. 1, 18, 4. *Fam.*, 10, 24, 4. 6. Dans ce dernier passage il faut lire *semestris* à la place de *bimestris*. App., *b. c.*, 3, 82
et Plut., *Cic.*, 45 ont admis un témoignage qui n'est pas favorable à Cicéron.
Dio C. 46, 39 a commis une erreur de chronologie, il place le fait trop tôt.
[4]) Cf. Dio C., 46, 52. App., *b. c.*, 4, 2.
[5]) Cic., *ad Brut.*, 1, 10, 3 et seq. Appien et Plutarque sont d'un avis
différent : App., *b. c.*, 3, 82. 92. Plut., *Cic.*, 45. *Syncr. Dem. et Cic.*, 4.
[6]) Cic., *ad Brut.*, 1, 10, 3 et seq. Cf. 1, 10, 1. 1, 18, 2 et seq. *Fam.*, 11,
25, 2.
[7]) Dio C., 46, 41.
[8]) Cic.. *Fam.*, 12, 10, 1.
[9]) Cic., *ad Brut.*, 1, 15, 10. Cf. App., *b. c.*, 4, 12.
[10]) Vell., 2, 64.
[11]) Dio C., 46, 51.
[12]) Cic., *ad Brut.*, 1, 12, 2. 1, 15, 9 et seq.

on ordonnait à M. Brutus, à C. Cassius et à Sex. Pompée de venir en Italie[1]. Mais pendant tout le mois de juillet, les généraux du parti sénatorial, D. Brutus et L. Plancus, restèrent inactifs[2]. Octave ne les rejoignit pas, bien qu'il eût promis de le faire[3]. M. Brutus aurait pu venir en Italie dès le commencement de juillet[4], il ne vint pas, les légions d'Afrique ne vinrent pas non plus[5]. En même temps les citoyens se montraient très mécontents[6] de l'établissement du nouveau tribut de un pour cent : depuis la bataille de Pydna on n'avait pas demandé de contributions semblables aux citoyens[7].

Au lieu de soutenir D. Brutus et L. Plancus, Octave augmenta les embarras du Sénat; vers la fin de juillet il envoya à Rome une députation de 400 centurions et soldats : ils devaient réclamer l'argent qu'on avait promis à l'armée, et demander avec énergie le consulat pour leur chef[8]. Ils demandèrent aussi que le décret de bannissement lancé contre Antoine fût rapporté[9]; en agissant ainsi ils savaient répondre aux désirs secrets d'Octave et aux vœux de toute l'armée[10]. Le sénat put croire dès ce moment que l'entente était déjà faite entre Antoine, Lépide et Octave[11]; il crut cependant pouvoir encore refuser de donner aux troupes l'argent promis[12]; il refusa aussi d'accorder à Octave le droit de briguer le consulat.

---

[1]) Dio C., 46, 51.
[2]) Cic., *ad Brut.*, 1, 14, 2. *Fam.*, 12, 10, 3. 10, 24, 3. 8. Cf. App., *b. c.*, 3, 90.
[3]) Cic., *Fam.*, 12, 24, 4. 6. 8.
[4]) Cic., *Fam.*, 12, 10, 4.
[5]) Cic., *Fam.*, 10, 24, 4. 8. *Ad Brut.*, 1, 18, 1. App., *b. c.*, 3, 89.
[6]) Cic., *ad Brut.*, 1, 18, 5.
[7]) Voir tome I, page 558.
[8]) App., *b. c.*, 3, 87 et seq. Suet., *Aug.*, 26. Cf. Dio C., 46, 42. Dio C. commet encore une erreur de date; il place beaucoup trop tôt l'envoi de cette ambassade, par rapport à la déclaration de guerre contre Lépide.
[9]) Dio C., 46, 43.
[10]) Dio C., 46, 42.
[11]) Liv., *ep.*, 119. Vell, 2, 65. Eutr., 7, 2. Dio C., 46, 43. Cf. 46, 41 et seq.
[12]) Dio C., 46, 43.

Irrité et entraîné par son armée, Octave passa le Rubicon au commencement d'août et marcha sur Rome[1]. Le sénat se décida enfin à faire remettre aux soldats l'argent réclamé, Octave fut autorisé à se présenter au consulat. Mais l'armée d'Octave continua sa marche ; en ce moment le sénat put enfin disposer des légions d'Afrique qui venaient d'arriver en Italie ; sur la demande de Cicéron[2] qui depuis la fin de juillet avait perdu toute confiance en Octave[3], le sénat rapporta le décret qui autorisait Octave à devenir candidat au consulat, lui envoya l'ordre de rester éloigné de Rome à une distance de 750 stades, fortifia le pont Mulvius et le Janicule en y plaçant la légion laissée à Rome par Pansa au moment de son départ et les légions d'Afrique ; les préteurs furent investis de pleins pouvoirs par un sénatus-consulte spécial pour sauver la République[4]. Mais quand Octave parut dans les environs de Rome, tout changea, les soldats se déclarèrent pour lui ; le préteur urbain, M. Cornutus, se donna la mort, les autres préteurs traitèrent avec Octave[5]. Les républicains espéraient encore que la légion Martia et la quatrième se tourneraient contre Octave et défendraient le sénat ; le tribun P. Appuleius fut chargé de l'annoncer au peuple. Sur la demande de Cicéron, le sénat tint une séance de nuit ; mais la nouvelle était fausse ; Cicéron, qui ne pouvait plus compter sur l'amitié d'Octave, s'enfuit[6]. Octave prit possession de la ville, s'empara du trésor, et distribua lui-même à ses soldats l'argent que le sénat venait de leur accorder ; ensuite, sous le prétexte de laisser aux comices consulaires toute leur liberté, il sortit de Rome[7].

Les préteurs ne pouvaient pas réunir les comices chargés de nommer les consuls[8] ; un d'eux, probablement Q. Gallius,

---

[1]) Dio C., 46, 43. App., *b. c.*, 3, 88.
[2]) App., *b. c.*, 3, 91.
[3]) Cic., *ad Brut.*, 1, 18, 3.
[4]) Dio C., 46, 44. App., *b. c.*, 3, 88-91. Obseq., 69.
[5]) App., *b. c.*, 3, 92. Dio C., 46, 45.
[6]) App., *b. c.*, 3, 93.
[7]) App., *b. c.*, 3, 94. Dio C., 46, 45. 46.
[8]) Les comices consulaires ne pouvaient être convoqués et présidés que par un consul, un dictateur ou un interroi. Le préteur n'en avait pas

qui avait remplacé M. Cornutus comme préteur urbain[1], fit élire deux proconsuls, ou plus exactement des *duoviri comitiis consularibus habendis consulari potestate*. Ces derniers présidèrent les comices : Octave (*C. Julius Cæsar Octavianus*) et Q. Pedius furent élus[2]. Octave fut donc consul, il n'avait pas vingt ans[3]; il fut investi de cette haute magistrature le 19 août[4], et non pas, comme on l'a dit, la veille de l'anniversaire de sa naissance[5], c'est-à-dire le 22 septembre de l'ancien calendrier, le 23 du nouveau (a. d. IX kal. oct.)[6].

Son premier acte fut de faire ratifier son adoption par une loi curiate[7], qui dut être présentée par son collègue Q. Pedius. Il s'occupa ensuite de distribuer au peuple le legs dont César l'avait chargé par son testament[8]. Il fit rapporter par le peuple le décret de bannissement lancé contre Dolabella[9]; il ne savait pas qu'à ce moment-là Dolabella avait été vaincu par C. Cassius. Il put enfin réaliser ses projets de vengeance contre les meurtriers de César : il chargea son collègue[10] de faire voter par le peuple une loi en vertu de laquelle on établirait un tribunal extraordinaire[11]. La loi *Pedia de interfectoribus Cæsaris* portait que quiconque aurait pris part directement ou indirectement à l'assassinat de César, qu'il fût

---

droit, pour cette raison bien simple que le magistrat chargé de présider les élections devait avoir des pouvoirs et des auspices au moins égaux à ceux que posséderait l'élu; or le préteur avait un pouvoir inférieur, *minus imperium*, à çelui du consul (Gell., 13, 15. Cic., *ad Att.*, 9, 9, 3. Dio C., 46, 45.). (N. D. T.)

[1]) App., *b. c.*, 3, 95.

[2]) Dio C., 46, 45. App., *b. c.*, 3, 94. Liv., *ep.*, 119. Vell., 2, 65. Suet. *Aug.*, 26. 95. Tac., *Dial.*, 17. *Ann.*, 1, 10. Obseq., 69. Fast. cons., I. L. A., p. 440. 466. *Mon. Anc.*, 1, 7.

[3]) Suet., *Aug.*, 26. Entr., 7, 2. Plut., *Brut.*, 27. Il y a erreur apud Solin., 1, 32.

[4]) I. L. A., p. 400. 310. Suet., *Aug.*, 31. 100. Macrob., *Sat.*, 1, 12, 35. Tac.; *Ann.*, 1, 9. Dio C., 56, 30. 55, 6. 9.

[5]) Vell., 2, 65.

[6]) Suet., *Aug.*, 5. I. L. A., p. 402.

[7]) App., *b. c.*, 3, 94. Dio C., 46, 47.

[8]) Dio C., 46, 48.

[9]) App., *b. c.*, 3, 95.

[10]) Cf. Liv., *ep.*, 120. Dio C., 46, 48. App., *b. c.*, 3, 95. Plut., *Brut.*, 27. *Mon. Ancyr.*, 1, 10.

[11]) Vell., 2, 69. Suet., *Ner.*, 3. *Galb.*, 3.

présent à Rome ou absent, serait exilé et dépouillé de ses biens[1]; les dénonciateurs recevraient des gratifications, de l'argent ou la liberté, ou ils auraient dans certains cas les emplois détenus par les accusés[2].

Un des premiers condamnés fut le tribun P. Servilius Casca[3]; Octave avait pourtant déclaré qu'il ne l'inquiéterait pas[4]; mais le tribun P. Titius avait, par une loi *Titia*, dépouillé son collègue de sa magistrature en donnant comme raison que Casca avait quitté Rome. On condamna ensuite Sex. Pompée, qui n'avait pris aucune part au crime[5], puis Cn. Domitius Ahenobarbus, le fils de L. Domitius Ahenobarbus[6], probablement aussi Q. Cornificius, le gouverneur d'Afrique[7]; plus tard Ser. Sulpicius Galba[8], et enfin M. Brutus et C. Cassius[9]; Brutus fut accusé par L. Cornificius[10], Cassius, par M. Vipsanius Agrippa[11], l'ami d'enfance d'Octave[12]. Les juges ne pouvaient faire autrement que de condamner[13]; on signala comme un acte héroïque la déclaration du sénateur P. Silicius Corona qui osa se prononcer en faveur de M. Brutus[14]. D. Brutus fut aussi condamné[15].

Octave donna de nouveaux gouverneurs[16] aux provinces dont les titulaires venaient d'être condamnés; il envoya en Afrique Q. Gallius, qui fut bientôt après convaincu d'avoir

---

[1]) Dio C., 46, 48. App., *b. c.*, 3, 95. Vell, 2, 69.

[2]) Dio C., 46, 49.

[3]) Dio C., 46, 49. Obseq., 70.

[4]) Voir plus haut, p. 576.

[5]) Dio C., 46, 48. 48, 17. 36.

[6]) Suet., *Ner.*, 3. App., *b. c.*, 5, 55. 61. Cf. Cic., *Phil.*, 2, 11, 27. 10, 6, 13.

[7]) Cf. App., *b. c.*, 3, 95.

[8]) Suet., *Galb.*, 3. Cf. Cic., *Phil.*, 13, 16, 33. *Fam.*, 10, 30. 11, 18, 1.

[9]) Liv., *ep.*, 120.

[10]) Plut., *Brut.*, 27.

[11]) Vell., 2, 69. Plut., *Brut.*, 27.

[12]) Nic. Dam., *Vit. Aug.*, 31. Corn. Nep., *Att.*, 12. Suet., *Aug.*, 94. Vell., 2, 59.

[13]) Cf. App., *b. c.*, 5, 48. 72.

[14]) Dio C., 46, 49. App., *b. c.*, 4, 27. Plut., *Brut.*, 27.

[15]) Liv., *ep.*, 120. Dio C., 46, 53.

[16]) Dio C., 46, 48.

pris part à un complot contre Octave ; on lui enleva la préture et il prit la fuite[1]. Le sénat autorisa Octave à garder, après son consulat, le commandement suprême de l'armée, son pouvoir serait supérieur à celui des consuls ; il pourrait faire une nouvelle levée de troupes, mettre sous ses ordres les légions de D. Brutus ; on lui donna pleins pouvoirs pour défendre la ville[2] ; enfin le sénat, qui ignorait les négociations engagées entre Octave d'une part, Antoine et Lépide de l'autre, lui confia la mission de combattre ces deux grands ennemis de Rome[3].

Comme les pourparlers avec Antoine et Lépide n'aboutissaient pas, Octave quitta Rome au mois d'octobre et fit semblant de se mettre en campagne contre les deux proconsuls[4]. Antoine et Lépide avaient augmenté leurs forces d'une façon considérable ; L. Plancus qui, vers la fin de juillet, avait négocié avec Octave pour le décider à venir à son secours[5], s'était séparé de D. Brutus, quand il avait vu la tournure que prenaient les événements à Rome, et avait réuni son armée à celle d'Antoine[6]. Avant lui C. Asinius Pollio en avait fait autant ; parti de Cordoue en juin[7], il n'avait même pas essayé de pénétrer en Italie avec sa faible armée[8], et avait rejoint Antoine[9]. D. Brutus essaya de traverser l'Italie septentrionale pour gagner l'Illyrie et s'unir avec M. Brutus[10]. Son armée l'abandonna en route ; D. Brutus fut fait prisonnier par un chef gaulois, qui le livra à Antoine, et Antoine le fit mettre à mort[11] en septembre[12].

---

[1]) App., *b. c.*, 3, 95. Suet., *Aug.*, 27.
[2]) Dio C., 46, 47.
[3]) Dio C., 46, 51. M. Brutus et C. Cassius n'étaient pas encore arrivés.
[4]) Dio C., 46, 50. 51.
[5]) Cic., *Fam.*, 10, 24, 4 et seq.
[6]) Liv., *ep.*, 120. Vell., 2, 63. App., *b. c.*, 3, 97. Plut., *Ant.*, 18. Dio C., 46, 53.
[7]) Cic., *Fam.*, 10, 32. 33.
[8]) Cic., *Fam.*, 10, 32, 4. App., *b. c.*, 3, 46.
[9]) Liv., *ep.*, 120. Vell., 2, 63. App., *b. c.*, 3, 97.
[10]) App., *b. c.*, 3, 97. *Illyr.*, 19. Dio C., 46, 53.
[11]) App., *b. c.*, 3, 97. Dio C., 46, 53. Liv., *ep.*, 120. Vell., 2, 64. Oros., 6, 18. Val. Max., 4, 7, 6. 9, 13, 3.
[12]) App., *b. c.*, 3, 98.

Aussitôt qu'Octave eut quitté Rome, et se fut mis lentement en marche vers le nord de l'Italie, Q. Pédius proposa au sénat d'accorder leur pardon à Antoine et à Lépide. Octave devait vivement désirer les voir réhabiliter ; il n'était pas de force à lutter contre eux et, d'autre part, depuis la loi Pedia, il ne pouvait plus s'entendre avec M. Brutus et C. Cassius, tandis qu'il était encore possible de s'unir avec Antoine[1]. Le sénat eut la faiblesse de consentir à réhabiliter Antoine et Lépide[2], bien qu'il comprît l'importance du tort qu'il portait par là à M. Brutus et à C. Cassius, en rendant possible l'union d'Octave, d'Antoine et de Lépide. Alors tout fut prêt pour une alliance entre le consul Octave et les proconsuls Antoine et Lépide. Ils eurent une entrevue dans une île du fleuve Lavinius entre Modène et Bologne au mois de novembre. Les conférences durèrent plusieurs jours ; il en sortit cette fameuse alliance qui rendit inévitable la chute définitive de la République. Les triumvirs disposèrent de 43 légions[3].

Il fut convenu qu'Octave renoncerait au consulat, le préteur P. Ventidius le remplacerait pour le reste de l'année. Les triumvirs créaient pour eux une nouvelle magistrature, ils prenaient le titre de *Tresviri reipublicæ constituendæ consulari imperio ;* leurs pouvoirs souverains dureraient cinq ans ; pendant ce temps, ils auraient le droit de nommer les magistrats et de disposer des provinces, leurs actes ne seraient pas soumis à l'approbation du sénat ni du peuple ; ils se réservaient un certain nombre de provinces : Octave eut l'Afrique, l'Afrique nouvelle (Numidie), la Sicile et la Sardaigne ; Lépide garda ses anciennes provinces, l'Espagne ultérieure, l'Espagne citérieure et la Gaule Narbonnaise ; Antoine fit de même, il garda la Cisalpine et la Gaule chevelue (*Gallia comata*). Afin d'assurer leur tyrannie et de se procurer de l'argent pour payer leurs soldats, ils devaient imiter Sylla et proscrire leurs ennemis politiques et personnels ; il suffisait que l'un des triumvirs demandât une proscription, les deux

---

[1] Vell., 2, 65.
[2] App., *b. c.*, 3, 96. Dio C., 46, 52.
[3] App., *b. c.*, 5, 6.

autres ne pourraient faire opposition, quand même il s'agirait d'un de leurs amis ou de leurs parents. Les consuls de 42 seraient L. Munatius Plancus et Lépide ; Lépide remplacerait donc D. Brutus et resterait en Italie, pendant qu'Antoine et Octave iraient combattre M. Brutus et C. Cassius. Ils promettaient à leurs soldats de leur abandonner dix-huit des villes les plus riches de l'Italie avec leurs territoires quand la guerre serait finie [1]. Les conditions de l'alliance furent communiquées à l'armée ; les soldats, poussés par Antoine, demandèrent que l'alliance fût confirmée par un mariage : Octave devrait épouser la fille adoptive d'Antoine, Clodia ; Octave y consentit [2].

Les triumvirs marchèrent vers Rome [3] ; on savait déjà qu'il y aurait des proscriptions [4]. Q. Pedius, que les triumvirs n'avaient pas complètement renseigné, essaya de calmer les citoyens ; il tomba malade et mourut presque aussitôt [5]. Arrivés aux portes de Rome, les triumvirs firent leur entrée solennelle dans la ville ; Octave entra le premier, le jour suivant parut Antoine, Lépide entra le dernier [6]. Ils chargèrent le tribun P. Titius de faire sanctionner leur nouvelle magistrature par une loi. La loi *Titia* fut votée séance tenante, on ne respecta pas le délai obligatoire du trinundinum [7]. Le 27 novembre, Octave, Antoine et Lépide prirent possession de leurs pouvoirs qui devaient durer jusqu'au 1er janvier 37 (*ad pr. Kalendas jan. sextas*) [8].

---

[1] App., *b. c.*, 4, 2 et seq. 1, 5. Dio C., 46, 54-56. 47, 14. Plut., *Ant.*, 19. 21. *Cic.*, 46. Liv., *ep.*, 120. Suet., *Aug.*, 27. Flor, 4, 6. Eutr., 7, 2,

[2] Dio C., 46, 56. App., *b. c.*, 4, 3. Plut. *Ant.*, 20. Vell.. 2, 65. Suet., *Aug.*, 62. Oros., 6, 18.

[3] Dio C., 47, 1.

[4] Oros., 6, 18.

[5] App., *b. c.*, 4, 6. Cf. 4, 14.

[6] App., *b. c.*, 4, 7. Dio C., 47, 2.

[7] App., *b. c.*, 4, 7. Dio C., 47, 2.

[8] Fast. Colot, I. L. A., p. 466.

CHAPITRE VINGT-HUITIÈME

LE TRIUMVIRAT

Les triumvirs publièrent d'abord un édit[1] concernant la proscription[2]. Ils fixèrent les récompenses qui seraient accordées à ceux qui mettraient à mort un proscrit : les hommes libres recevraient 25.000 deniers, les esclaves 10.000 avec la liberté et le droit de cité. On les mit à l'abri de toute poursuite ultérieure : on se rappelle en effet que les exécuteurs des proscriptions de Sylla avaient dû rendre compte de leur conduite ; pour les mettre à l'abri de poursuites semblables, on leur donna l'assurance que leurs noms ne figureraient pas sur les registres du trésor[3]. Serait également proscrit quiconque cacherait ou essaierait de sauver une victime des triumvirs[4]. On dressa deux listes, *tabulæ proscriptionis*; sur l'une figurèrent les noms des sénateurs, sur l'autre ceux des chevaliers ; mais on y ajouta ensuite des noms nouveaux[5]. Plusieurs y furent inscrits uniquement à cause de leur fortune[6]. Il est difficile de retrouver le chiffre exact des victimes[7]; il périt environ 300 sénateurs et 2.000 chevaliers[8].

[1] App., *b. c.*, 4, 8-11.
[2] App., *b. c.*, 4, 1. 6. 12-51. Dio C., 47, 3-13. Plut., *Ant.*, 19. *Cic.*, 46. *Brut.*, 27. Liv., *ep.*, 120. Nep., *Att.*, 10 et seq. Vell., 2, 66. Flor., 4, 6. Obseq., 69. Oros., 6, 18. Cf. Sen., *Suas.*, 6. 7. p. 27. 39. Bu.
[3] App., *b. c.*, 4, 11. Dio C., 47, 6.
[4] App., *b. c.*, 4, 7. 11. 23. 37. Dio C., 47, 7.
[5] App., *b. c.*, 4, 7. Dio C., 47, 3. 13.
[6] App., *b. c.*, 4, 29. Dio C., 47, 6. 8. Nep., *Att.*, 12. Val. Max., 9,5, 4. Plin., *n. h.*, 34, 2, 3, 6.
[7] Dio C., 47, 13.
[8] App., *b. c.*, 4, 5. 7. Plut., *Ant.*, 20. *Cic.*, 46. *Brut.*, 27. Liv., *ep.*, 120. Flor., 4, 6, 3. Oros., 6, 18.

Les proscriptions furent donc plus nombreuses qu'à l'époque de Sylla; dans l'exécution on fut aussi beaucoup plus cruel[1]. Les soldats agirent avec tant de férocité que les triumvirs durent intervenir pour modérer leur zèle[2]; les officiers obtinrent les fonctions et les charges sacerdotales des victimes[3]. Les biens furent mis à l'encan; il avait été décidé que les femmes retireraient leur dot, que les fils auraient le dixième, les filles le vingtième de la fortune paternelle, mais cette promesse ne fut pas tenue d'une manière générale[4].

La plus illustre victime fut M. Tullius Cicéron; Octave oublia les services qu'il lui avait rendus, et le sacrifia à la vengeance d'Antoine[5] et de Fulvie; il fut égorgé le 7 décembre[6], près de Gaète, par C. Popillius Lænas. Il faut citer parmi les personnages connus : Q. Tullius Cicéron et son fils[7], le frère du consul désigné L. Plautius (autrefois C. Munatius) Plancus[8], le consulaire C. Cassius Varus[9], le trop célèbre C. Verrès[10], le tribun Salvius qui était alors en fonction[11], et deux préteurs Minucius et (Villius) Annalis[12].

Quelques-uns des proscrits furent épargnés; on cite L. Æmilius Paulus et L. Julius Cæsar; le premier, livré à Lépide par son frère, réussit à s'échapper; le second, abandonné à Antoine par son propre neveu[13], fut protégé, en même

---

[1]) App., *b. c.*, 4, 1. 16. Dio C., 47, 3 et seq.

[2]) App., *b. c.*, 4, 35.

[3]) Dio C., 47, 14.

[4]) Dio C., 47, 14. Cf. Plut., *Ant.*, 21. Nep., *Att.*, 12.

[5]) Cic., *Phil.*, 12, 8, 19. 13, 15, 30. 13, 19, 40.

[6]) Tac., *Dial.*, 17. App., *b. c.*, 4, 19. 51. Dio C., 47, 8. 11. Plut., *Cic.*, 47. *Ant.*, 20. Liv., *ep.*, 120, et ap. Sen., *Suas.*, 6, p. 32, 12. 35, 15 Bu. Vell., 2, 66. Val. Max., 5, 3, 4. 1, 4, 5. Flor., 4, 6, 5. Eutr., 7, 2. Aur. Vict., *Vir. ill.*, 81. Hieron., *Chron.*, p. 139 (Schœne). Cassiod., p. 626 (Mommsen).

[7]) App., *b. c.*, 4, 20. Dio C., 47, 10. Plut., *Cic.*, 47.

[8]) App., *b. c.*, 4, 12. Vell., 2, 67. Val. Max., 6, 8, 5. Plin., *n. h.*, 13, 3, 5, 25.

[9]) App.. *b. c.*, 4, 28.

[10]) Plin., *n. h.*, 34, 2, 3, 6. Sen., *Suas.*, 6. p. 36, 13 Bu.

[11]) App., *b. c.*, 4, 17.

[12]) App., *b. c.*, 4, 17 et seq.

[13]) App., *b. c.*, 4, 12. 37. Dio C., 47, 6. 8. Plut., *Ant.*, 19. *Cic.*, 46. Vell., 2, 67. Suet., *Aug.*, 16. Flor., 4, 6, 4. Oros., 6, 18.

temps qu'un certain Sergius par Antoine, qui les fit rayer de
la liste par une loi *Munatia* du consul **L. Munatius Plancus**[1].
D'autres encore furent rayés des fameuses listes par des
édits[2], par exemple M. Valérius Messalla Corvinus[3], le fils
du censeur de 55[4]; il avait servi en Afrique sous les ordres
de César[5], et après la mort de César il avait passé dans
l'armée de M. Brutus[6]. Un certain nombre réussirent à s'enfuir, comme l'édile plébéien alors en fonction M. Volusius[7],
les uns auprès de M. Brutus et de C. Cassius[8], les autres
auprès de Q. Cornificius en Afrique[9]; de ce nombre fut le
célèbre grammairien M. Térentius Varro[10], particulièrement
poursuivi par Antoine[11]; il fut sauvé par Q. Fufius Calenus.
La plupart allèrent rejoindre Sex. Pompée qui était aussi
parmi les proscrits[12]; après sa condamnation en vertu de la
loi Pedia, Octave lui avait enlevé le commandement de sa
flotte, mais il s'était maintenu à Messine[13]. Tous ceux qui
purent rejoindre la flotte de Sex. Pompée furent graciés au
moment du traité de Misène en 39.

Les triumvirs s'occupèrent ensuite des magistratures; les
élections furent de pure forme, et on ne tint aucun compte
des lois[14]. Octave, comme il l'avait promis, abdiqua le consulat; comme son collègue Q. Pedius était mort, on nomma
deux consuls, C. Albius Carrinas et P. Ventidius[15]; ce dernier
n'était pas éligible, puisqu'il remplissait alors les fonctions

---

[1] App., *b. c.*, 4, 37. 45. Cf. Plut., *Ant.*, 20.
[2] App., *b. c.*, 4, 49. Cf. Dio C., 47, 7. Nep., *Att.*, 10.
[3] App., *b. c.*, 4, 38. Dio C., 47, 11.
[4] Cf. Val. Max., 5, 9, 2.
[5] Cæs., *B. Afr.*, 26. 86. 88.
[6] Cic., *ad Brut.*, 1, 12, 1. 1, 15, 1. Cf. Dio C., 47, 24. Liv., *ep*, 122.
[7] App., *b. c.*, 4, 47. Val. Max., 7, 3, 8.
[8] App., *b. c*, 4, 36. Dio C., 47, 12. Val. Max., 7, 3, 8.
[9] App., *b. c.*, 4, 36. Cf. Dio C., 48, 17.
[10] App., *b. c.*, 4, 47. Cf. Dio C., 47, 11.
[11] Cic., *Phil.*, 2, 40, 103 et seq.
[12] App., *b. c.*, 4, 96. Dio C., 48, 17.
[13] App., b. c., 4, 25. 36. 39 et seq. 43 et seq. 51. 84. Dio C., 47, 12.
18. 17. Liv., *ep.*, 123. Vell., 2, 72.
[14] Plut., *Cic.*, 49.
[15] Fast. Colot., I. L. A., p., 466.

de préteur[1]. On le remplaça comme préteur par un des édiles[2]. Tous les autres préteurs sur lesquels pouvaient compter les triumvirs, par exemple L. Marcius Censorinus[3], furent envoyés dans les provinces le 27 décembre; on les remplaça par de nouveaux préteurs pour les cinq derniers jours de l'année[4].

Comme on avait confirmé les actes de César, L. Munatius Plancus, qui triompha de la Gaule le 29 décembre[5], était autorisé à prendre le consulat pour l'année 42. Lépide remplaça D. Brutus; il triompha lui aussi de l'Espagne le 31 décembre[6]; il fut élu, bien qu'il ne se fût pas écoulé un intervalle de dix ans depuis son premier consulat de 46. Il ne fut pas nécessaire de procéder à des élections de tribuns, César les avait désignés. Les préteurs, les édiles, les questeurs et les magistrats inférieurs furent choisis, cela va sans dire, parmi les personnages agréables aux triumvirs[7].

Les triumvirs étaient persuadés qu'ils avaient rétabli l'ordre par les proscriptions, les nominations de magistrats, et quelques actes législatifs qui nous sont peu connus[8]; ils durent alors supprimer la loi Cæcilia de vectigalibus[9], et accorder des licteurs aux Vestales[10]. A la fin de l'année ils ordonnèrent par un édit aux citoyens, sous peine de proscription, de se livrer à la joie à l'occasion des triomphes et de la nouvelle année[11]. Le sénat et le peuple avaient été si bien terrifiés qu'ils votèrent des couronnes civiques aux triumvirs pour les remercier de n'avoir pas fait périr tant de personnes qu'ils auraient pu sacrifier[12].

[1]) Dio C., 47, 15; dans ce passage il faut lire : Ἄλβιον au lieu de ἄλλον. Vell., 2, 65. Val. Max., 6, 9, 9.
[2]) Dio C., 47, 15.
[3]) Cf. Plut., *Ant.*, 24.
[4]) Dio C., 47, 15.
[5]) Fast. triumph., I. L. A., p. 461. Vell., 2, 67.
[6]) Fast. triumph., I. L. A., p. 461. 478. App., *b. c.*, 4, 31. Vell., 2, 67.
[7]) Dio C., 47, 14. Cf. App., *b. c.*, 4, 18.
[8]) Dio C., 47, 15.
[9]) Cf. Dio C., 47, 16.
[10]) Dio C., 47, 19.
[11]) App., *b. c.*, 4, 31. Dio C., 47, 13.
[12]) Dio C., 47, 13.

Les riches étaient cependant très inquiets : les triumvirs qui n'avaient pas pris le titre de dictateur disposaient d'un pouvoir absolu; on commença à regretter la tyrannie monarchique de César[1]. Or les propriétés étaient menacées : on avait promis des terres aux soldats, et on commençait déjà à prendre les mesures nécessaires pour réaliser cette promesse[2]; il faudrait beaucoup d'argent pour acheter des terres[3], et pour payer la solde des légions qui marcheraient contre M. Brutus et C. Cassius. La vente des biens des proscrits ne devait pas suffire : les soldats seuls en achetaient, les citoyens refusant de prendre part aux enchères pour ne pas donner une preuve publique qu'ils possédaient des capitaux[4]; alors les triumvirs furent obligés de prendre des mesures financières exceptionnelles. Ils rétablirent[5] en Italie par une loi, sans consulter le peuple[6], les impôts supprimés par la loi Cæcilia de vectigalibus de 61 (plus haut, page 302), ou du moins ceux qui n'avaient pas été déjà rétablis par César; ils imposèrent les maisons à Rome et dans toute l'Italie : les propriétaires de celles qui étaient louées durent abandonner au trésor les loyers d'une année; les propriétaires qui habitaient eux-mêmes leurs maisons payèrent moitié de la valeur locative calculée sur le prix d'achat[7]. On imposa sur les terres une taxe de la moitié de leurs produits annuels[8]; les propriétaires d'esclaves durent en fournir à la flotte[9] et payer 100 sesterces pour chaque esclave qui resterait[10]. Les villes d'Italie furent tenues de pourvoir à l'entretien des soldats de leurs garnisons[11]. Tout cela ne suffit pas, il fallait de l'argent tout de suite; alors (en 42) on dressa une liste de

---

[1] Dio C., 47, 15.
[2] Dio C., 47, 14. App., *b. c.*, 4, 25. 35. *Vita Verg.*, in Suet. reliq., p. 53 (Reifferscheid).
[3] Cf. App., *b. c.*, 5, 12. 15.
[4] App., *b. c.*, 4, 31. 99. Dio C., 47, 14. 17.
[5] Dio C., 47, 16. 48, 31. Cf. Plut., *Ant.*, 21.
[6] Cf. Dio C., 47, 2.
[7] Dio C., 47, 14. App., *b. c.*, 4, 5.
[8] Dio C., 47, 14.
[9] Dio C., 47, 17. Cf. Suet., *Aug.*, 25.
[10] App., *b. c.*, 5, 67. Cf. Dio C., 47, 16. 48, 31.
[11] Dio C., 47, 14.

quatorze cents femmes riches; on les obligea, sous peine de châtiments, à faire connaître exactement leur situation de fortune; les triumvirs leur ordonneraient ensuite de leur abandonner immédiatement une part proportionnelle sous forme de tribut[1]. Mais l'éloquence d'Hortensia, la fille du grand orateur, força les triumvirs à faire des concessions; en fin de compte on ne demanda cette contribution qu'à quatre cents femmes[2]. Un autre édit força tous les habitants de l'Italie qui possédaient au moins 100,000 sesterces, citoyens ou non-citoyens, libres ou affranchis ou esclaves, d'abandonner à l'État, comme impôt de guerre, leurs revenus d'une année calculés d'après le taux légal qui était alors 10 pour 100; ils durent donc faire le sacrifice de un dixième de leur fortune; le cinquantième de leur capital, c'est-à-dire le cinquième de l'impôt, était payable immédiatement[3]. Cet impôt était bien dur, il le devint encore plus par la manière dont il fut levé; certains, au lieu de perdre le dixième de leur fortune, n'en purent conserver la dixième partie. On laissa aux propriétaires la faculté de faire l'abandon de leurs biens, on leur rembourserait le tiers de la valeur; ceux qui acceptèrent cette combinaison furent complètement ruinés; les propriétés, comme celles des proscrits, ne furent pas vendues selon leur valeur, et ces ventes ne servirent qu'à enrichir les soldats[4]. Les triumvirs avaient si grand besoin d'argent qu'ils confisquèrent l'argent placé en dépôt auprès des Vestales[5].

Les triumvirs s'occupèrent encore de rendre des honneurs divins à César, dont ils s'étaient constitués les vengeurs[6]. Ils jurèrent, et tous les magistrats jurèrent avec eux, de respecter tous les actes de César; ils remirent en vigueur le sénatus-consulte du 1er septembre 44 (plus haut, pp. 567. 572), en vertu duquel on devait ajouter à toutes les actions de grâce (*supplicationes*) un jour en l'honneur de César. Ils mu-

---

[1]) App., *b. c.*, 4, 32. Cf. 4, 5. 96.
[2]) App, *b. c.*, 4, 32 et seq. Val. Max., 8, 3, 3. Quint., 1, 1, 6.
[3]) App., *b. c.*, 4, 34. Cf. 4, 5. 96. Dio C., 47, 16 et seq.
[4]) Dio C., 47, 16.
[5]) Plut., *Ant.*, 21.
[6]) Dio C., 47, 18 et seq.

rèrent la curie de Pompée (Curia Pompeia)[1]; ils annulèrent
le décret concernant la curie Hostilia (page 587), et décidèrent
que les travaux de la curie Julia seraient repris. Ils relevèrent
sur le forum l'autel de César (*Ara Cæsaris*)[2], qu'avait renversé
Dolabella en avril 44, et décrétèrent que dans les processions
publiques l'image de César suivrait celle de sa mère divine,
Venus Genetrix. Ils décidèrent encore, probablement par une
loi sacrée, *lex sacrata*, que l'anniversaire de la naissance de
César ne pouvant être célébré le 13 juillet, jour consacré à
Apollon à la fin des jeux apollinaires, serait fêté la veille, le
12 juillet[3]; le jour anniversaire de sa mort serait consacré à
des cérémonies religieuses, *dies religiosus*; le sénat ne pourrait siéger ce jour-là[4]. L'idée de la divinité de César fut
désormais admise; le sénat et le peuple votèrent une loi,
probablement la loi *Rufrena de Cæsaris honoribus*[5], qui mettait
César au nombre des dieux[6]; on ne l'appela plus que le dieu
César, *Divus Julius*. Les membres de sa famille ne purent plus
faire figurer dans les cérémonies funèbres son image en cire
parmi celles de leurs ancêtres. César était dieu, par conséquent
il n'était pas mort; son autel du forum fut considéré comme
un *heroon*, il devint un lieu d'asile[7].

Avant de quitter Rome pour aller combattre M. Brutus et
C. Cassius[8], Antoine et Octave s'entendirent avec Lépide,
conformément à la convention de Bologne et à la loi Titia,
pour désigner d'avance les magistrats des années suivantes[9].
Ils nommèrent aussi des gouverneurs dans leurs provinces;
Antoine qui avait laissé le gouvernement de la Gaule chevelue
en 43 à L. Varius Cotyla[10], y envoya Q. Fufius Calénus et

[1]) Cf. Suet, *Cæs.*, 88.
[2]) Cf. Suet., *Cæs.*, 85.
[3]) Macrob., *Sat.*, 1, 12, 34. I. L. A., p. 328. Cf. p. 396. 379. Hor.,
ep., 1, 5, 9 et les scholies.
[4]) Cf. Suet., *Cæs.*, 88.
[5]) I. L. A., p. 183. L'auteur de la proposition était une créature d'Antoine. (Cic., *Fam.*, 10, 21, 4.)
[6]) Cf. I. R. N. 5014. Suet., *Cæs.*, 88.
[7]) Dio C., 47, 19.
[8]) Dio C., 47, 20. Plut., *Ant.*, 21.
[9]) Dio C., 47, 19.
[10]) Plut., *Ant.*, 17.

P. Ventidius [1] ; C. Asinius Pollio eut la Gaule cisalpine [2] ;
Octave donna l'Afrique et la Numidie à Q. Fuficius Fango [3]; il
maintint dans leurs fonctions les gouverneurs de la Sicile et
de la Sardaigne.

M. Brutus et C. Cassius étaient maîtres de toutes les provinces orientales, depuis la Macédoine jusqu'à la Syrie ; ils
disposaient de forces considérables [4] ; il était difficile de prévoir qui serait vainqueur, et on avait des raisons d'espérer
que les républicains l'emporteraient.

En Macédoine, M. Brutus s'était beaucoup fortifié depuis le
mois d'avril 43 [5] ; en juin, au lieu de venir à Rome comme
l'invitaient à le faire le sénat et Cicéron [6], il était allé en
Asie [7] et avait gagné à sa cause le roi Déjotarus [8]. A son
retour, quand il apprit la mort de D. Brutus, il fit exécuter [9]
C. Antoine qu'il avait par politique épargné jusqu'alors [10]. Il
avait encore combattu les Thraces ; au commencement de 42,
il s'était rendu de nouveau en Asie [11] et avait eu une entrevue
à Smyrne avec C. Cassius [12].

Depuis le mois de mars 43, C. Cassius s'était appliqué à
discipliner et à exercer ses douze légions ; avant d'avoir reçu
communication du sénatus-consulte du 27 avril (plus haut,
p. 602), il s'était mis à la poursuite de Dolabella [13]. Dolabella
avait d'abord augmenté l'effectif de son armée par de nouveaux
enrôlements [14] ; il n'en avait pas moins été battu par le gou-

---

[1] App., *b.c.*, 5, 3. Dio C., 48, 10.
[2] App., *b. c.*, 5, 20. Serv. *ad. Verg. ecl.*, 2, 1.
[3] App., *b. c.*, 5, 12. 26. Dio C., 48, 22.
[4] App., *b. c.*, 4, 1. 133. Plut., *Brut.*, 28.
[5] Cic., *ad Brut.*, 1, 2, 1 et seq.
[6] Cic., *ad Brut.*, 1, 9, 3. 1, 10, 1. 4. 1, 12, 2. 1, 14, 2, 1, 15, 12. 1,
18, 1. 5.
[7] Cf. Cic., *Fam.*, 12, 14, 1.
[8] Cic., *ad Brut.*, 1, 6, 3. Dio C., 47, 24. Plut., *Brut.*, 27. Cf. 2.
[9] Dio C., 47, 24. App., *b. c.*, 3, 79. Liv., *ep.*, 121. Plutarque place cette
exécution trop tard : *Brut.*, 28. *Ant.*, 22.
[10] Cic., *ad Brut.*, 1, 4, 2. Dio C., 47, 22. Plut., *Brut.*, 26.
[11] Cf. Jos., *Ant. Jud.*, 14, 10, 25.
[12] Dio C., 47, 25. Plut., *Brut.*, 28. App., *b. c.*, 4, 63. Liv., *ep.*, 122.
[13] Cic., *Fam.*, 12, 10, 2. 12, 12.
[14] Jos., *Ant. Jud.*, 14, 10, 12.

verneur de la Bithynie, **L. Tillius Cimber**, et par le roi Déjotarus[1] ; il ne put opposer à Cassius que des troupes insuffi-
santes, dès le mois de juin on faisait déjà courir à Rome le
bruit qu'il avait été défait[2]. Voici ce qui s'était passé : au
commencement de mai[3], Dolabella était arrivé en Cilicie[4] ; sa
flotte longeait la côte pour le prendre à bord s'il courait des
dangers et le ramener en Italie[5]. Dolabella, après avoir
traversé la Cilicie, avait pénétré en Syrie, où dans les derniers
jours de mai Cassius le força à s'enfermer dans Laodicée[6]. En
juin[7], Dolabella se trouva dans une situation désespérée, il
se donna la mort lorsque le commandant de la flotte de
Cassius, **L. Statius Murcus**[8], se fut rendu maître du port de
Laodicée[9]. Après la défaite de Dolabella, Cassius était allé en
Égypte ; il en revint pour se rencontrer avec Brutus à
Smyrne[10]. En passant, il fit mettre à mort le roi de Cappa-
doce, **Ariobarzane**[11], parce qu'il avait soutenu Dolabella ;
pour la même raison[12], **L. Tillius Cimber** avait sévèrement
puni la ville de Tarse[13].

A Smyrne, les deux chefs du parti républicain décidèrent
qu'ils iraient combattre ensemble Octave et Antoine en
Macédoine ; les triumvirs y avaient déjà fait passer huit
légions sous le commandement de **C. Norbanus Flaccus**[14] et
de **L. Decidius Saxa** ; mais auparavant ils iraient punir les
Lyciens et les Rhodiens[15] d'avoir soutenu le parti de Dola-

---

[1] Cic., *ad Brut.*, 1, 6, 3.
[2] Cic., *Fam.*, 12, 8, 2. 12, 9, 1. 12, 10, 1.
[3] Cic., *Fam.*, 12, 12, 5.
[4] Dio C., 47, 30.
[5] Cic., *Fam.*, 12, 13, 3. 12, 14, 1. 12, 15, 2. App., *b. c.*, 4, 60.
[6] Cic., *Fam.*, 12, 14, 1. 4. 12, 15, 7. App., *b. c.*, 3, 78. 4, 60. Dio C., 47, 30.
[7] Cic., *Fam.*, 12, 13, 4.
[8] Dio C., 47, 28.
[9] Dio C., 47, 30. App., *b. c.*, 4, 60-62. 5, 4. Liv., *ep.*, 121. Vell., 2, 69. Oros., 6, 18.
[10] Plut., *Brut.*, 28. App., *b. c.*, 4, 63.
[11] App., *b. c.*, 4, 63. Dio C., 47, 35 a fait une erreur de date.
[12] Cic., *Fam.*, 12, 13, 4.
[13] Dio C., 47, 31. Cf. App., *b. c.*, 4, 64.
[14] App., *b. c.*, 4, 87. Dio C., 47, 35.
[15] Dio C., 47, 32. App., *b. c.*, 4, 65.

bella [1]. Brutus soumit la Lycie [2], Cassius avec L. Statius Murcus, les Rhodiens [3]; ils firent alors payer aux provinces d'Asie, en une seule fois, les impôts de dix années [4], et se réunirent à Sardes où ils arrêtèrent définitivement le plan de campagne contre Octave et Antoine [5].

Ils envoyèrent la flotte commandée par L. Statius Murcus au cap Ténare pour empêcher Cléopâtre de mettre sa flotte au service d'Octave et d'Antoine [6]; Cléopâtre avait soutenu le parti de Dolabella [7], voilà pourquoi on la soupçonnait de vouloir prendre parti contre les républicains. Murcus ne resta pas longtemps au cap Ténare; quand il comprit qu'il n'y avait rien à craindre de ce côté, il se rendit à Brindes, pour gêner le passage des troupes d'Octave et d'Antoine [8]. Sex. Pompée travaillait dans le même but; à la suite d'un traité signé avec le gouverneur de la Sicile, A. Pompeius Bithynicus, il avait enlevé l'île à Octave [9], et battu sur mer le commandant de la flotte de ce dernier, Q. Salvidienus Rufus [10]. Malgré tout, Antoine et Octave arrivèrent sans grandes difficultés en Macédoine [11]. Leurs légions, envoyées en avant, s'étaient placées sur les limites de la Macédoine et de la Thrace, et avaient empêché Brutus et Cassius de pénétrer en Macédoine [12]. En automne [13], vers la fin de septembre, une première bataille s'engagea à Philippes; Octave malade fut battu par Brutus, mais Antoine défit complètement Cassius; ignorant la victoire

[1]) Cic., *ad Brut.*, 2, 4, 3. *Fam.*, 12, 14, 2 et seq. 12, 15, 2 et seq.

[2]) Dio C., 47, 34. App., *b. c.*, 4, 76-82. Plut., *Brut.*, 30-33, Cf. 2. *Pomp.*, 80.

[3]) Dio C., 47, 33. App., *b. c.*, 4, 66-73. Plut., *Brut.*, 30. Oros., 6, 18. Cf. Val. Max., 1, 5, 8. Vell., 2, 69. Obseq., 70.

[4]) App., *b. c.*, 4, 74. 5, 5.

[5]) Plut., *Brut.*, 34.

[6]) App., *b. c.*, 4, 74. 82. 5, 8.

[7]) Dio C., 47, 30. App., *b. c.*, 4, 61. 63.

[8]) App., *b. c.*, 4, 82. 85. Dio C., 47, 36.

[9]) App., *b. c.*, 4, 84. Dio C., 48, 17. Cf. 47, 32. 36 et seq.

[10]) App , *b. c.*, 4, 85. Dio C., 48, 18. Liv., *ep.*, 123.

[11]) App., *b. c.*, 4, 86. Dio C., 48, 18. Liv., *ep.*, 123.

[12]) App., *b. c.*, 4, 87-105. Dio C., 47, 35. Plut., *Brut.*, 38. Cf. Front., *Strat.*, 4, 2, 1.

[13]) App., *b. c.*, 4, 103. Plut., *Brut.*, 39. 47.

de son ami, Cassius se tua[1]. Vingt jours après[2], Brutus dut livrer une seconde bataille au même endroit ; Brutus fut défait et se donna la mort[3]. La défaite du parti républicain était définitive[4]. M. Valérius Messalla Corvinus[5] et L. Calpurnius Bibulus[6], fils de l'ancien adversaire de César, se rendirent aux triumvirs avec les débris de leurs armées[7].

Plusieurs membres des grandes familles aristocratiques qui s'étaient ralliées au parti républicain, périrent sur le champ de bataille[8], se suicidèrent ou furent égorgés sur l'ordre d'Octave[9] ; de ce nombre furent L. Cassius Longinus[10], neveu de C. Cassius, M. Favonius[11], le disciple de Caton, le jeune M. Porcius Cato[12] et Q. Hortensius Hortalus[13].

D'autres se réfugièrent dans l'île de Thasos, par exemple le jeune M. Tullius Cicéron[14] ; ils y trouvèrent des vaisseaux amenés là par les chefs républicains qui étaient restés en Asie, Cassius Parmensis[15], Clodius (Bithynicus)[16] et Turul-

[1] App., *b. c.*, 4, 105-113. Dio C., 47, 37-46. 50, 18. Plut., *Brut.*, 38-45. *Ant.*, 22. *Cæs.*, 69. Liv., *ep.* 124. Obseq., 70. Vell., 2, 70. Suet., *Aug.*, 91. Flor., 4, 7, 5 et seq. Oros., 6, 18. Eutr., 7, 3. Val. Max , 1, 7, 1. 1, 8, 8. 6, 8, 4. 9, 9, 2.

[2] Plut., *Brut.*, 47.

[3] App., *b. c.*, 4, 117-131. Dio C., 47, 47. Plut., *Brut.*, 46-53. *Ant.*, 22. *Cæs.*, 69. Liv., *ep.*, 124. Obseq., 70. Vell., 2, 70. Suet., *Aug.*, 13. Flor., 4, 7, 14. Oros., 6, 18. Eutr., 7, 3. Val. Max., 1, 4, 6. 1, 5, 7. 4, 6, 5. 5, 1, 11. 6, 4, 5.

[4] Cf. App., *b. c.*, 4, 132-134. Dio C., 47, 39.

[5] Cf. Plut., *Brut.*, 40 et seq. 45. Dio C., 47, 24. Liv., *ep.*, 122.

[6] Cf. App., *b. c.*, 4, 38. 104.

[7] App., *b. c.*, 4, 136. 38. 5, 113. Plut., *Brut.*, 53. Vell., 2, 71. Cf. Suet., *Vit. Hor.*, p. 44 Reifferscheid.

[8] App., *b. c.*, 4, 135. Plut., *Brut.*, 49. 51. Vell., 2, 17. Val. Max., 4, 7, 4. Cf. Suet., *Cæs.*, 89. Dio C., 50, 1. 48, 44.

[9] Suet., *Aug.*, 13.

[10] App., *b. c.*, 4, 63.

[11] Dio C., 47, 49. Depuis la mort de César, Favonius avait joué un rôle très secondaire. (App., *b. c.*, 2, 119. Cic., *Att.*, 15, 11, 1. Plut., *Brut.*, 34.)

[12] Cf. Plut., *Cat. min.*, 73.

[13] Cf. Plut., *Ant.*, 22. *Brut.*, 28. Liv. *ep.*, 124.

[14] App., *b. c.*, 5, 2. Cicéron avait déjà servi sous les ordres du grand Pompée (Cic., *Off.*, 2, 13, 45.) ; Brutus lui avait confié un commandement. (Cic., *ad Brut.*, 2, 3. 2, 6, 3. 2, 7, 6. 1, 4, 6. 1, 5, 3. *Fam.*, 12, 14, 8. App., *b. c.*, 4, 20. 51.)

[15] Cf. Vell., 2, 87. Oros., 6, 19. Val. Max., 1, 7, 7. Hor., *ep.*, 1, 4, 3.

[16] Cf. App., *b. c.*, 5, 49.

lius [1]. Tous allèrent ensuite rejoindre L. Statius Murcus et Cn. Domitius Ahenobarbus [2]; le jour même de la première bataille de Philippes, Murcus et Ahenobarbus avaient détruit les vaisseaux de Cn. Domitius Calvinus qui conduisait des troupes de Brindes en Macédoine [3]; parmi ces troupes se trouvait la légion Martia. Quelques-uns des fugitifs de Philippes restèrent auprès de Cn. Domitius Ahenobarbus, qui cherchait à devenir chef de parti [4], d'autres avec Murcus allèrent rejoindre Sex. Pompée [5]; Sex. Pompée venait de faire mettre à mort A. Pompeius Bithynicus [6]; comme fils du grand Pompée, il se considérait maintenant comme le chef naturel du parti républicain, ou plutôt, comme il le disait lui-même, du parti pompéien. Il accueillait sur sa flotte non seulement les proscrits fugitifs et les partisans de Brutus et de Cassius, mais encore les esclaves qui avaient abandonné leurs maîtres [7]; il put ainsi disposer de forces nombreuses; s'il n'avait pas l'âme assez grande pour sauver une situation perdue, il pouvait du moins susciter de graves embarras aux triumvirs.

Après Philippes, Octave et Antoine se considérèrent comme les maîtres de l'empire; ils signèrent tous deux un traité particulier; les arrangements dont on était convenu à Bologne furent modifiés à l'insu et au détriment de Lépide [8] soupçonné de s'être entendu avec Sex. Pompée.

On réalisa un ancien projet de César repris par quelques-uns de ses amis depuis 44 [9] : la Gaule cisalpine, qui appartenait à Antoine, cessa de former une province; comme le reste de l'Italie elle fut administrée de Rome par des magistrats romains [10]. En échange Antoine eut la Gaule narbonnaise

[1]) Cf. Cic., *Fam.*, 12, 13, 3. Dio C., 51, 8. Val. Max., 1, 1, 19.

[2]) App., *b. c.*, 4, 86. 99. 100. 108. 115. 117. 5, 15; renseignements vagues, 5, 55. Cf. Vell., 2, 72. Dio C., 48, 7.

[3]) App., *b. c.*, 4, 115. Dio C., 47, 47. Plut., *Brut.*, 47.

[4]) App., *b. c.*, 5, 2. 26. Dio C., 48, 7. 16. Vell., 2, 72.

[5]) App., *b. c.*, 5, 2. 25. 143. Dio C., 48, 19. 47, 49. Vell., 2, 72. 77. Eutr., 7, 4.

[6]) Dio C., 48, 19. Liv., *ep.*, 123.

[7]) Vell., 2, 72. Dio C., 48, 19.

[8]) Dio C., 48, 1 et seq. App., *b. c.*, 5, 3. Cf. Suet., *Aug.*, 13.

[9]) App., *b. c.*, 3, 30.

[10]) Cf. App., *b. c.*, 5, 22. Dio C., 48, 12.

qui appartenait à Lépide : Antoine posséda dès lors toute la Gaule transalpine[1]. Octave avait perdu la Sicile occupée par Sex. Pompée, la Sardaigne était menacée du même sort, il se dédommagea en prenant les deux Espagnes, provinces de Lépide. Dans le cas où Lépide ne pourrait se justifier de l'accusation portée contre lui et serait exclu du triumvirat, Octave conserverait la Numidie, Antoine aurait l'Afrique[2] ; dans le cas contraire, Lépide recevrait en échange des provinces gauloises et espagnoles les deux provinces d'Afrique qui relevaient alors d'Octave[3]. Pour forcer Lépide à accepter cet arrangement, Octave résolut de commencer la guerre contre Sex. Pompée et d'établir en Italie les vétérans libérés de son armée et de l'armée d'Antoine[4]. Il fut donc convenu entre les deux vainqueurs qu'Octave aurait toute liberté d'action en Italie (y compris la Cisalpine), en Sicile et en Sardaigne ; Antoine irait soumettre les provinces qui s'étaient prononcées pour Brutus et C. Cassius, l'Illyrie, la Macédoine et l'Achaïe, l'Asie, la Bithynie et le Pont, la Cilicie, la Syrie, la Crète[5] et la Cyrénaïque ; il les rançonnerait et se procurerait ainsi l'argent nécessaire à l'établissement des vétérans[6]. Au moment où les deux chefs se partageraient les provinces, dont ils n'avaient pas encore disposé[7], il était à prévoir qu'Antoine garderait les provinces orientales, et Octave s'attribuerait la Sicile et la Sardaigne[8]. Quand les vétérans eurent été licenciés, Antoine commença les opérations avec six légions, Octave lui en fournit deux autres ; il dut mettre à la disposition de ce dernier deux de ses propres légions[9] qui se trouvaient alors en Gaule sous le commandement de Q. Fufius Calenus[10]. On voit que cet arrangement avantageait

---

[1]) Eutr., 7, 3 se trompe.
[2]) Cf. Dio C., 48, 22.
[3]) Cf. Dio C., 48, 20.
[4]) Cf. Dio C., 48, 6. 11. App., *b. c.*, 5, 14.
[5]) Cf. App., *b. c.*, 5, 2.
[6]) Cf. Plut., *Ant.*, 23.
[7]) Dio C., 48, 2.
[8]) Cf. Liv., *ep* , 125. Vell., 2, 74. Eutr., 7, 3.
[9]) Dio C , 48, 2. App., *b. c.*, 5, 3. 12.
[10]) Cf. App., *b. c.*, 5, 3. Dio C., 48, 10. 20.

de toute façon Antoine, qui passait d'ailleurs pour avoir le plus contribué à la victoire de Philippes[1]. Il fut encore stipulé que les deux vainqueurs seraient souverains dans leurs domaines respectifs ; l'un d'eux ne pourrait infirmer les actes de l'autre par l'intercession, bien que leurs pouvoirs fussent égaux[2] ; ils auraient donc le droit de signer des traités, qui seraient immédiatement considérés comme définitifs ; ils exceptèrent cependant les traités à signer avec les meurtriers de César[3].

Pendant l'absence d'Octave, Rome avait été tranquille ; le 31 juillet, P. Vatinius avait célébré son triomphe sur l'Illyrie[4]. On nomma des censeurs ; les élus furent C. Antoine, oncle de M. Antoine, il avait déjà été candidat en 44, et P. Sulpicius Rufus[5] ; ils furent chargés de reviser la liste des citoyens en vue de nouveaux impôts rétablis en Italie ; nous ne savons rien de leur administration, ils ne célébrèrent pas la cérémonie du lustre. Quand on apprit la nouvelle de la victoire de Philippes, le sénat vota des actions de grâces qui durèrent pour ainsi dire le reste de l'année[6].

Au commencement de l'année 41, Octave rentra à Rome[7] avec trois légions[8] ; il était encore malade. Les embarras vinrent l'assaillir de tous côtés. En Afrique les deux gouverneurs T. Sextius et Q. Cornificius avaient lutté l'un contre l'autre pendant les années 43 et 42 ; enfin grâce à l'appui du prince Arabion et des soldats de P. Sittius, assassiné en mai 44[9], T. Sextius, gouverneur de la Numidie, l'emporta ; vaincu, Q. Cornificius, qui appartenait au parti républicain, se donna la mort[10]. Avant Philippes, Octave envoya en Afrique

[1]) App., *b. c.*, 5, 14. 53. 58.
[2]) App., *b, c.*, 5, 22.
[3]) App., *b. c.*, 5, 62.
[4]) I. L. A., p. 461. 478.
[5]) I. L. A., p. 568. 466.
[6]) Dio C., 48, 3.
[7]) Dio C., 48, 3. 5. App., *b. c.*, 5, 12. Plut., *Ant.*, 23.
[8]) App., *b. c.*, 5, 3.
[9]) Cic., *Att.*, 15, 17, 1.
[10]) App., *b. c.*, 4, 53-56. Dio C., 48, 21. Cf. Liv., *ep.*, 123, dans ce passage, il faut lire *Cæsarianarum*. Hieronym., *chron.*, p. 139 Schœne.

son lieutenant Q. Fuficius Fango pour prendre possession des deux provinces que lui donnait le traité de Bologne : T. Sextius ne fit pas d'opposition et livra les deux provinces[1].

L'indolent[2] Lépide accepta l'arrangement dont nous avons parlé plus haut[3] ; il se contenta des deux provinces d'Afrique[4]; Octave envoya C. Albius Carrinas en Espagne[5] pour occuper les deux provinces[6] jusqu'alors administrées par les lieutenants de Lépide. La Sardaigne ne fit pas non plus de difficulté pour reconnaître M. Lurius[7]. Mais l'Italie était menacée de la famine ; les convois de blé étaient interceptés[8] par Sex. Pompée et par Cn. Domitius Ahenobarbus ; Pompée avait encore reçu sur sa flotte les proscrits du parti de Cornificius en Afrique[9]. Il fallut enfin, ce fut la source des plus grandes difficultés, procéder à la répartition des terres entre les vétérans des deux armées ; on ne pouvait pas différer, Octave commença par là[10].

Il y avait 170,000[11] soldats à pourvoir ; 8,000 vétérans seulement avaient consenti à reprendre du service dans les cohortes prétoriennes d'Octave et d'Antoine[12]. Ils étaient très pressés[13] d'entrer en possession des lots qu'on devait leur donner sur les territoires de dix-huit villes d'Italie ; mais les propriétaires refusaient de leur laisser la place, n'ayant pas encore reçu l'indemnité qu'on leur avait promise et qui ne pourrait être payée qu'avec l'argent d'Antoine[14]. Sur les dix-huit villes, deux, Rhegium et Vibo, furent exemptées de la confiscation par Octave, parce qu'elles se trouvaient voisines

---

[1]) Dio C., 48, 22. App., *b. c.*, 5, 12. 26.
[2]) Dio C., 48, 4. Cf. App., *b. c.*, 5, 124.
[3]) Cf. Dio C., 48, 5. App., *b. c.*, 5, 39.
[4]) App., *b. c.*, 5, 12.
[5]) App., *b. c.*, 5, 26.
[6]) Cf. App., *b. c.*, 5, 54.
[7]) Dio C., 48, 30. App., *b. c.* 5, 24. Erreur apud Dio C., 48, 2.
[8]) App., *b. c.*, 5, 15. 18. 19. 22. 25. 26. Dio C., 48, 7.
[9]) App., *b. c.*, 4, 56.
[10]) Liv., *cp.*, 125. Suet., *Aug.*, 13.
[11]) App., *b. c.*, 5, 5. 22.
[12]) App., *b. c.*, 5, 3.
[13]) App., *b. c.*, 5, 13. 14.
[14]) App., *b. c.*, 5, 12. 15. Cf. 4, 25.

de la Sicile[1]. On partagea les terres des seize autres[2]. Mais elles ne suffirent pas ; on empiéta alors sur le domaine des villes voisines[3] ; toutes les propriétés de l'Italie[4] se trouvèrent ainsi menacées d'expropriation, à l'exception de celles qui étaient occupées par des vétérans, et celles qui avaient été achetées directement de l'État[5].

L. Antoine vint compliquer la situation ; en prenant possession du consulat, le 1er janvier 41[6], il célébra un triomphe sur les habitants des Alpes[7] ; non seulement il n'avait rien fait pour mériter cet honneur, mais depuis la guerre de Modène, il n'était plus que lieutenant des triumvirs, par conséquent n'était pas dans les conditions voulues pour triompher[8]. Il avait cependant montré de la déférence en désignant Q. Fufius Calénus pour conduire à Octave les deux légions que M. Antoine lui avait promises[9] ; tout à coup il retira l'ordre donné à Calénus[10] ; poussé par Fulvie qui ambitionnait de jouer un rôle dans le gouvernement[11] comme femme de M. Antoine, et mère de Clodia, mariée à Octave, il prétendit vouloir désigner les personnes qui établiraient les vétérans de l'armée de son frère[12]. Octave irrité renvoya Clodia à Fulvie[13], puis, pour ne pas troubler l'union des triumvirs[14], céda aux injonctions de L. Antoine ; voilà pourquoi nous trouvons parmi les chefs, à côté de Alfénus Varus et C. Cornélius Gallus, des partisans

---

[1]) App., *b. c.*, 4, 85. Cf. 4, 25.

[2]) Cf. Hor., *ep.*, 2, 2, 49. *Sat.*, 2, 2, 114.

[3]) App., 5, 13. 14. Cf. Verg., *ecl.*, 9, 28. Mart., 8, 56. Donat., *præf. buc.*, apud Suet., rel., p. 59 Reifferscheid. Val. Prob., p. 5. Keil. Serv., *ad Verg. ecl. præf.*, 13. 9, 7. 28.

[4]) Cf. Plut., *Brut.*, 46. App., *b. c.*, 5, 22. 27.

[5]) Dio C., 48, 6.

[6]) I. L. A., p. 461. 478.

[7]) Cf. Cic., *Fam.*, 10, 33, 4.

[8]) Dio C., 48, 4.

[9]) App., *b. c.*, 5, 12.

[10]) Dio C., 48, 5. Cf. App., *b. c.*, 5, 20.

[11]) Dio C., 48, 4. Plut., *Ant.*, 30. App., *b. c.*, 5, 59. Flor., 4, 5. Oros., 6, 18.

[12]) App., *b. c.*, 5, 14. Dio C., 48, 6.

[13]) Dio C., 48, 5. Suet., *Aug.*, 62.

[14]) App., *b. c.*, 5, 14. Cf. 5, 39. 43.

avoués d'Antoine, comme C. Asinius Pollio [1] et L. Munatius Plancus [2]. Les soldats avaient la conscience de leur force, ils savaient que les triumvirs ne pouvaient rien sans eux ; les précautions que l'on avait prises de les choisir dans les légions, les rendirent si hautains qu'à Rome ils se mutinèrent [3], encouragés par Fulvie ; l'ordre fut sérieusement compromis dans la capitale de l'empire [4].

La concession faite par Octave n'avait pas satisfait L. Antoine. D'accord avec Fulvie et dans l'intérêt de cette dernière, il voulait provoquer des désordres pour fournir à son frère l'occasion de rentrer en Italie ; il commença par se plaindre de la manière dont son frère avait été traité par Octave, et affecta un grand amour pour son frère en prenant le surnom de *Pius* [5] ; d'autre part il fit semblant de se montrer décidé à défendre le peuple et la liberté, et voulut user de son pouvoir consulaire pour faire opposition aux triumvirs ; enfin il prit la défense de ceux qui avaient dû quitter leurs propriétés et les abandonner aux vétérans [6]. Il prétendit qu'il y avait assez de terres disponibles pour doter les soldats sans recourir à ces expropriations violentes [7]. Octave fut obligé de faire de nouvelles concessions ; il décida qu'on ne pourrait exproprier les biens des sénateurs qui formaient la dot de leurs femmes, ni les petites propriétés qui n'excédaient pas la valeur des lots qui revenaient à chaque vétéran [8]. Ce fut au tour des vétérans de se plaindre ; Octave dut prendre une nouvelle résolution en leur faveur : on ne pourrait exproprier les biens de leurs parents, ni ceux des parents des soldats qui avaient succombé pendant la guerre [9]. Ces mesures ne suffirent pas pour rétablir

---

[1] Suet., rel., p. 53. 59 R. Val. Prob., p. 6 Keil. Serv., *ad Verg. buc*, 2, 1. 6, 6. 9, 10. 29.

[2] Orelli *inscript.*, 590.

[3] App., *b. c.*, 5, 15 et seq. Cf. Dio C., 48, 9. Liv., *ep.*, 125. Suet., *Aug.*, 14.

[4] App., *b. c.*, 5, 18.

[5] Dio C., 18, 5.

[6] App., *b. c.*, 5, 19. 39. 43. 54. Dio C., 48, 6. Liv., *ep.*, 125. Flor., 4, 5. Vell., 2, 74.

[7] Dio C., 48, 7.

[8] Dio C., 48, 8.

[9] Dio C., 48, 9.

le calme ; il y eut des désordres à Rome et dans les villes d'Italie, où les vétérans et le peuple en vinrent aux mains ; alors, pour apaiser les classes pauvres, Octave crut devoir, à l'exemple de César (plus haut, p. 487), remettre une année de loyer à ceux qui à Rome payaient moins de 2,000 sesterces, et en Italie moins de 500 sesterces [1]. Ce fut un véritable impôt sur les propriétaires qui vivaient du revenu de leurs immeubles.

L. Antoine voulait la guerre à tout prix ; il fit croire qu'Octave en voulait à sa vie, et appela à son secours les vétérans de son frère [2]. Les vétérans se montrèrent raisonnables, ils ménagèrent à Téanum une réconciliation qui fut consentie aux conditions suivantes [3] : Octave ne devait apporter aucun obstacle à l'action administrative des consuls ; on ne donnerait des terres qu'aux soldats qui avaient combattu à Philippes ; on partagerait entre les soldats d'Antoine et ceux d'Octave l'argent que produirait la vente des biens des proscrits. L. Antoine devait renoncer à sa garde personnelle, et livrer à Octave les deux légions promises par M. Antoine ; les chefs placés par Antoine dans la Gaule cisalpine et la Gaule chevelue, Q. Fufius Calénus, P. Ventidius et C. Asinius Pollio, devaient laisser passer, sans les inquiéter, les troupes qu'Octave allait envoyer en Espagne sous le commandement de Q. Salvidiénus Rufus. Les deux dernières conditions furent seules remplies ; Octave ne tint pas ses promesses, du reste il ne le pouvait pas ; alors L. Antoine et Fulvie allèrent se mettre en sûreté dans Préneste [4]. Octave fit semblant de négocier, il envoya auprès de L. Antoine des vétérans, des sénateurs, mais les négociations ne pouvaient pas aboutir, elles n'étaient pas sincères, Octave voulait seulement par là se donner les apparences de la modération [5]. Les deux légions qui devaient se rendre à Ancône proposèrent d'établir un tribunal d'arbitres

[1] Dio C., 48, 9. Cf. 42, 51. Suet., *Cæs.*, 38.
[2] App., *b. c.*, 5, 19.
[3] App., *b. c.*, 5, 20. Dio C., 48, 10.
[4] App., *b. c.*, 5, 20 Dio C., 48, 10. Vell., 2, 74. Cf. Plut., *Ant.*, 28.
[5] Dio C., 48, 11. App., *b. c.*, 5, 21.

qui siégerait à Gabies, à mi-chemin de Préneste et de Rome, et prononcerait entre les deux partis ; L. Antoine ne voulut pas reconnaître ce tribunal, une nouvelle guerre civile devint inévitable [1].

L. Antoine disposait de six légions levées au commencement de son consulat ; il comptait aussi sur les onze légions de son frère cantonnées en Gaule sous les ordres de Q. Fufius Calénus ; Octave en avait quatre [2], elles campaient à Capoue ; il fit revenir les six qui étaient en route pour l'Espagne sous le commandement de Q. Salvidiénus Rufus [3]. L. Antoine avait de l'argent, que lui avait fourni la Gaule ; Octave ne pouvait disposer que des revenus de la Sardaigne ; il manqua de ressources, il dut faire des emprunts aux temples de Rome, et à quelques municipes et colonies [4]. L. Antoine avait donc l'avantage. Il intrigua pour que la révolte contre Octave s'étendît en dehors des frontières de l'Italie ; il poussa le roi de Mauritanie Bocchus [5], ou plutôt son frère Bogud [6], à envahir l'Espagne [7] ; il poussa T. Sextius encore en Afrique à reprendre les deux provinces à Q. Fuficius Fango ; Sextius réussit après un combat acharné [8].

Octave détacha une légion à Brindes pour défendre la ville contre Cn. Domitius Ahenobarbus [9] ; à ce moment, il demandait encore à traiter par l'intermédiaire de certains sénateurs et chevaliers [10] ; L. Antoine leur déclara qu'il considérait l'envoi d'une légion à Brindes comme un acte d'hostilité contre son frère [11]. Octave plaça Rome sous la garde de Lépide [12] et du consul P. Servilius Isauricus [13] ; consul pour la

[1]) Dio C., 48, 12. App., b. c., 5, 23.
[2]) Cf. App., b. c., 5, 3.
[3]) App., b. c., 5, 24. 27. 31.
[4]) App., b. c., 5, 24. Dio C., 48, 12.
[5]) Cf. App., b. c., 4, 54.
[6]) Cf. Cic., Fam., 10, 32, 1.
[7]) App., b. c., 5, 26. Dio C., 48, 45.
[8]) App., b. c., 5, 26. Dio C., 48, 22. Cf. Liv., ep., 127.
[9]) App., b. c., 5, 27.
[10]) App., b. c., 5, 28.
[11]) App., b. c., 5, 29.
[12]) App., b. c., 5, 29. Liv., ep., 125.
[13]) Dio C., 48, 13.

seconde fois[1], Servilius s'était laissé complètement éclipser par L. Antoine[2]. Au début des hostilités, Antoine réussit à surprendre Rome[3]; il réunit une assemblée, dans laquelle il déclama contre les triumvirs, affirmant que son frère était prêt à abandonner ce pouvoir contraire à la constitution, et à redevenir consul[4]. Le peuple le salua du titre d'*imperator*[5] et le chargea de la guerre contre Octave[6]. Octave se rapprocha de Rome, et Antoine ne put s'y maintenir; de son côté Octave fit déclarer par le sénat que L. Antoine était un ennemi de l'État[7].

M. Vipsanius Agrippa, parent d'Octave[8], servit sa cause avec beaucoup de dévouement; il conduisit la guerre avec une telle habileté que L. Antoine dut s'enfermer dans Pérouse; voilà pourquoi cette guerre civile est désignée sous le nom de guerre de Pérouse[9]. L. Antoine y fut assiégé par Octave, Agrippa et Q. Salvidiénus Rufus; P. Ventidius et C. Asinius Pollio[10], auxquels se joignit L. Munatius Plancus sur l'invitation de Fulvie[11], essayèrent en vain de le dégager. Ils montrèrent du reste peu de décision; ils étaient jaloux les uns des autres : P. Ventidius et L. Munatius avaient été consuls, C. Asinius était consul désigné[12]; du reste ils doutaient que M. Antoine approuvât la conduite de son frère[13]. Après un long siège qui dura[14] jusqu'au milieu du mois de mars de l'année 40[15], L. Antoine se résigna à capituler[16]. Les négo-

---

[1] I. L. A., p. 466.
[2] Dio C., 48, 4.
[3] App., *b. c.*, 5, 30. Dio C., 48, 13. Liv., *ep.*, 125.
[4] App., *b. c.*, 5, 30. Cf. 5, 39. 43. 54.
[5] App., *b. c.*, 5, 31.
[6] Dio C., 48, 13. 16.
[7] Flor., 4, 5.
[8] Cf. App., *b. c.*, 4, 49. Dio C., 48, 20. Val. Max., 4, 7, 7.
[9] App., *b. c.*, 5, 31. Dio C., 48, 13. Liv., *ep.*, 126. Vell., 2, 74. Suet., *Aug.*, 14. 96. Flor., 4, 5. Eutr., 7, 3.
[10] App., *b. c.*, 5, 31.
[11] App., *b. c.*, 5, 33.
[12] Dio C., 48, 15.
[13] App., *b. c.*, 5, 32. 33. 35. Vell., 2, 74.
[14] App., *b. c.*, 5, 33-38. Dio C., 48, 14. Cf. I. L. A., p. 192.
[15] Suet., *Aug.*, 15.
[16] App., *b. c.*, 5, 39.

ciations commencées[1] par C. Furnius[2] furent ensuite diri-
gées par L. Antoine en personne[3]; elles aboutirent à un
traité en vertu duquel l'armée dut se rendre à Octave, Octave
lui accorda son pardon[4]. L. Antoine fut laissé en liberté[5];
Octave ne savait pas encore comment M. Antoine jugerait
cette affaire et Octave ne pouvait se décider à rompre avec
M. Antoine[6]. Pérouse fut livrée au pillage, puis incendiée; les
sénateurs et les chevaliers qui étaient des ennemis personnels
d'Octave et qui avaient embrassé le parti de L. Antoine,
furent mis à mort; parmi ces victimes nous trouvons Ti.
Cannutius[7] qui avait cependant rendu de grands services
à Octave en 44, au début de sa carrière politique.

Que devinrent les gouverneurs qui avaient soutenu L.
Antoine? P. Ventidius se dirigea sur Brindes avec son armée;
C. Asinius Pollio qui était alors consul[8] avec l'ancien consul
de 53, Cn. Domitius Calvinus, alla à Ravenne, puis en Véné-
tie, et s'enfuit auprès de M. Antoine; pendant sa fuite il
décida Cn. Domitius Ahenobarbus à mettre sa flotte à la disposition de M. Antoine[9]; L. Munatius Plancus s'enfuit en
Grèce avec Fulvie et d'autres partisans d'Antoine[10]; deux de
ses légions l'avaient quitté, gagnées par Agrippa; il abandonna
le reste de son armée. D'autres officiers compromis se réfugièrent auprès de L. Statius Murcus et de Sex. Pompée[11].
Ainsi fit Ti. Claudius Nero[12], qui avait combattu en qualité de

[1] App., *b. c.*, 5, 40.
[2] Cf. App., *b. c.*, 5, 30. Dio C., 48, 13.
[3] App., *b. c.*, 5, 41-43.
[4] App., *b. c.*, 5, 44-45. Liv., *ep.*, 126.
[5] App., *b. c.*, 5, 48. Liv., *ep.*, 126. Vell., 2, 74. Eutr., 7, 3.
[6] Cf. Dio C., 48, 5. App., *b. c.*, 5, 20. 51 et seq.
[7] App., *b. c.*, 5, 49. Dio C., 48, 14. Liv., *ep.*, 126., Vell., 2, 74. Suet.,
Aug., 15. Sen., *de Clem.*, 1, 11, 1.
[8] Dio C., 48, 15. Jos., *Ant. jud.*, 14, 14, 5. I. L, A., p. 465 et seq.
[9] App., *b. c.*, 5, 50. 53. 55. 61. Dio C., 48, 16. Vell., 2, 76. Tac., *Ann.*,
4, 44.
[10] App., *b. c.*, 5, 50. 61. Dio C., 48, 15. 27. Plut., *Ant.*, 30. Liv., *ep.*,
127. Vell., 2, 76. Oros., 6, 18.
[11] App., *b. c.*, 5, 50. Dio C., 48, 15.
[12] Vell., 2, 75, Tac., *Ann.*, 5, 1. Suet., *Tib.*, 4. 6. Dio C., 48, 15. Néro
avait autrefois accusé A. Gabinius (Cic., *ad Q. fr.*, 3, 1, 5. 15. 3, 2, 1.); il
avait servi sous les ordres de César à Alexandrie (Cæs., *B. Alex.*, 25. Dio

préteur et continué la guerre après la reddition de Pérouse.
Octave s'occupa surtout de prendre des gages sur M. Antoine;
voilà pourquoi il alla en Gaule, et fit passer dans son armée
les légions de Q. Fufius Calénus[1]; Octave prit possession de la
Gaule narbonnaise, province réservée à Antoine[2]. Pour satisfaire Lépide, dont il occupait les provinces primitives, Octave
lui abandonna, en vertu du traité de Philippes, les deux provinces d'Afrique qui étaient à ce moment perdues pour lui.
Lépide se rendit en Afrique avec six légions; à son arrivée
T. Sextius lui abandonna les deux provinces[3].

Octave rentra à Rome[4], il est probable qu'il n'eut pas l'ovation[5]; il termina enfin les assignations de terre, il va sans
dire que le consul C. Asinius Pollio ne fut plus chargé de
diriger l'opération[6]. On ne connaît pas toutes les villes qui
furent avant ou après la guerre de Pérouse frappées d'assignations[7]. Un grand nombre de propriétaires dépossédés s'en-
fuirent auprès de Sex. Pompée[8]. Octave interrogea les nouveaux colons, se renseigna auprès d'eux pour savoir s'ils le
soutiendraient dans une guerre contre M. Antoine; Octave
n'avait reçu de ce dernier que des réponses vagues au sujet
de son conflit avec L. Antoine[9], et M. Antoine devait bientôt
revenir d'Orient[10]. Ne trouvant pas les colons assez bien disposés, il résolut de se rapprocher de Sex. Pompée; il savait
que Julie, la mère d'Antoine, s'était réfugiée auprès de lui;
Pompée l'avait bien accueillie et l'avait renvoyée à M. Antoine;

C., 42, 40.); en 44 il avait organisé les colonies césariennes de Narbonne
et d'Arles; cependant au Sénat, dans la séance du 17 mars 44, il s'était
prononcé en faveur des meurtriers de César.

[1]) Q. Fufius Calénus venait de mourir, il avait été remplacé par son fils.

[2]) App., *b. c.*, 5, 51; dans ce passage il faut corriger καὶ Ἰϐηρίαν et
lire κατ' Ἰϐηρίαν. Cf. 5, 54. 59. 61. Dio C., 48, 20. 28 place ce fait beaucoup trop tard.

[3]) Dio C., 48, 20. 23. App., *b. c.*, 5, 53. 75.

[4]) App., *b. c.*, 5, 51. 53.

[5]) Dio C., 48, 16, se trompe. Cf. I. L. A., p. 461. 478. Suet., *Aug.*, 22
Mon. Ancyr., 1, 21.

[6]) Vell., 2, 76. Serv., *ad Verg. ecl.*, 6, 6. 9, 29.

[7]) Zumpt, *comm. epigr.*, tome I, p. 332 et seq.

[8]) App., *b. c.*, 5, 53.

[9]) App., *b. c.*, 5, 20. 60.

[10]) App., *b. c.*, 5, 53.

www.ingramcontent.com/pod-product-compliance
Ingram Content Group UK Ltd.
Pitfield, Milton Keynes, MK11 3LW, UK
UKHW022337070726
13614UKWH00003B/1084